マーケティングの批判精神

—持続可能社会の実現を目指して—

折笠和文【著】

Critical Marketing

Kazufumi Orikasa

東京 白桃書房 神田

はじめに──本書の目的

本書の目的は、マーケティングの批判的な見方・考え方を展開し、マーケティング思考の転回を探求することである。マーケティングの正統的な論理から、少し距離を置いて眺めてみると、本来あってはならないマーケティング手法の一部にマーケティングの持つ性質や趣意が欺瞞的・詐術的で、強圧的・強権的手法が闊歩し、巧妙な仕掛けをしている印象すら見受けられる。したがって、距離を置いてマーケティングの持つ性質の批判を展開してみようと思い至ることになった。こうした動機には、多くの批判もあろうかと思うが、マーケティングの正統性の研究、つまり「マーケティングはこうあるべきものだ」といったザイン（Sein：実在、実状・現在あるものの姿）の論理だけではなく、批判を展開することによってゾレン（Sollen：当為）の論理的な考え方も必要なのではないかと思う。マーケティングの研究は正統派の論理だけでなく、こうした別の面があることもある程度認めながら、後進の指導にあたらなければならないのではないかと考えている。

本書は当初、「マーケティング思考のアンチテーゼ」、または「マーケティング論の再考」といったタイトルにしようと考えたが、「アンチテーゼ」では一般に馴染みがなく、かといって「再考」では新規性がなく、結局「マーケティングの批判精神」に落ち着いた。いずれにせよ、マーケティングの見解については、現にさまざまな誤解も存在する。したがって、マーケティングに関する見方をある程度、「批判精神」の立場に立って、マーケティングの持つ二面性、および巧妙な手法などを記述することにしたい。行き過ぎたマーケティングの抑止力になればと考えている。

ところで、最近の地球温暖化問題は、天候や農産物被害など、さまざまな問題を惹起している。二〇一四年九月に、地球温暖化対策について各国首脳が話し合う「気候サミット」（参加国一五〇カ国以上）がニューヨークの国連本部で開催されたことは記憶に新しい。いわゆる温暖化現象に象徴される環境問題は今や地球規模的な大問題になっている。後述するように、飽くなき無限の成長や豊かさを求めて、新商品開発競争による生産至上主義、大量消費、大量廃棄などを通じて、環境問題や資源枯渇問題は、一九七〇年代頃から叫ばれている。そうした姿勢を一向に改善しないマーケティングの論理は分岐点を迎えざるを得ないだろう。自制を求めつつ、思考回路を変えなければならない時代になっているのである。

さらに科学の進化によって、生命体やロボット工学でも、あるいは経済やマーケティングでも、あらゆる科学分野での進化には目覚ましいものがある。ロボット工学分野では、将来的に人間を凌駕する時代が来るかも知れない。こうした科学の目覚ましい発展の原点が「人間の欲望」である。進化は人間にとって便利なものをもたらすが、不幸な現象が現れる可能性もある。したがって、現代は「欲望の線引き」を行う時代なのではないだろうか。

一般に、マーケティングとは、営利組織である利潤を第一目的に活動する企業、および非営利組織が行うあらゆる活動のうち、顧客が求める商品・サービスを作り（創造的製品戦略）、その情報を届け（プロモーション戦略など）、顧客がその商品・サービスを満足して得られるようにする活動のすべてを表す概念である。マーケティングの概念は非常に広範なネーミングを持つと同時に、そのマーケティングの顔もさまざまな面を持っている。その顔の向き方も、マーケティングに接頭語や接尾語つけて、マーケティング活動の特徴を表そうとする。それは時代とともに変化し、数えきれないほど多くのマーケティング戦略の一環となっている。そうした戦略の目的はひとつ。いかにして利益を創出するか、どうしたら売上を上げることができるかという「売れる仕組み」を考えることである。しかし、その利益を創出する方法には多くの批判があることも事実である。それは巧妙な欺瞞的手法やＩＴを使った手法など、数え上げたらきりがない。

確かに、企業は利潤追求を是とすることは当然であるが、それだけでは消費者に選ばれない時代になっていることも事実であろう。企業の社会的責任論やコーポレート・ガバナンス、コンプライアンス、ＣＳＲ、ソーシャル・マーケティング等、最近ではコーズ・リレイテッド・マーケティング（Cause-Related Marketing: CRM）[*1]など、多くの概念が提起されているが、掛け声だけに終わってしまっている感じすら思える。過剰ともいえる商品群を目にしたとき、劣悪な労働・雇用環境や消費者の意識変化、そして消費者自身の知的な意識向上とともに、企業の市場戦略や商品戦略など、利潤追求のみにひた走る企業の姿勢を見て取っている。また、プロモーション活動についても、テレビ番組の内容よりも企業コマーシャルの過多には辟易してしまう。テレビ局側の経営姿勢にも問題があり、本当に番組を楽しんでもらいたいという企業の姿勢が微塵も感じられない。

ビジネスモデルは社会の変化にともなって次々に出現する戦略論であり、それはいかにして利益を創出するか、いかにして競合他社を打ち負かすことができるかなど、利益至上主義と成長至上主義がベースにある。経済学の世界でもよくGDPが国の成長・豊かさの指標として挙げられるが、これとて経済優先あるいは経済成長を追い求めた結果、さまざまな問題を引き起こしている。成長神話や飽くなき成長を求めるという価値観、さらに成長は無限であるとの思考回路を、持続可能な循環型商品やサービスに転回することこそ必要不可欠なのではないだろうか。

本書の意図することは既述したように、これからの企業に求められるマーケティングとは何かについて考えることである。つまり、マーケティングという分野が一部には非常に誤解されやすい手法として、あるいは欺瞞的な手法の一面も持ち合わせていることを、読者のみなさんにも考えていただきたいという思いからである。そのためにマーケティングの持つ性質を、考えられる限りの批判的な精神を持って書いている。

これからのマーケティング活動は利潤追求といった視点だけでなく、生活者の視点や社会性の視点、文化的な視点を重視するような活動でなければならないと考えている。こうしたマーケティングの視点を第一とする主体的活動をすることによって、当然、企業の姿勢なりが浸透し理解されて、自然と利潤が創出されるのではないかと考えている。

＊注

1　コーズ・リレイテッド・マーケティングとは、収益の一部をＮＰＯなどへの寄付（寄付つき商品）を通して、社会的問題（環境、医療、子ども、貧困など）解決のために支援活動を積極的に行うマーケティング活動である。生活が豊かになり、成熟社会になると「モノ」よりも「コト」が重視され、公共的な活動範囲が広がる。そうした意味で、コーズ・リレイテッド・マーケティングが支持されることが増えてくる。

はじめに―本書の目的……i

序章　批判精神の論点……1

マーケティングの批判的視点…1／逆説的マーケティングの考え方…2／マーケティングの「知の営為とパラドックス」…3／「成長なき繁栄」とマーケティングは共存可能か…5／マーケティングは持続可能な社会を実現できるか…6／経済成長とGDPの概念およびマーケティング…7／マーケティングの「欺瞞的」手法…8／マーケティング概念の再考と戦略思考…10／マーケティングの原点は「商い」である…13／欧米におけるマーケティング批判研究の興隆…14／新潮流マーケティング戦略の批判的論点…16

第1章　マーケティングのネガティブな側面と問題点……22
―消費の欲望を掻き立てる手段と浪費癖を育てる道具―

1　ネガティブ・マーケティングとは…22

1　マーケティングの伝統的な考え方…24／2　消費の欲望と浪費…25／3　製品戦略に見る「計画的陳腐化（planned obsolescence）」の功罪…27／4　過剰な需要喚起と消費文化…31／5　価格戦

略に見るネガティブな側面と問題点…32／6　プロモーション戦略に見るネガティブな側面と問題点…34／7　チャネル戦略におけるネガティブな側面と問題点…37
2　マーケティング論の研究分野と今後の課題…41
3　本章を終えるにあたって…45

第2章　アンチ・マーケティング論……50

1　マーケティングの持つ性質―反証可能性…51
2　コンシューマリズム前夜と現代的課題…52
3　マーケティングシステムの批判・論争そして問題点…55
1　マーケティングの社会経済に及ぼす批判的視点…55／2　消費者行動の視点からのマーケティング批判…57／3　マーケティング実務上の批判と問題点…58／4　市場活動における取引行為や態度から見た問題点…59
4　マーケティングの目的と方法に関する問題…59
5　マーケティングの二面性とコンパートメント化…65
1　マーケティング学者グループ…69／2　トレンドセッターグループ（時代の先導グループ）…70

／3 クリエイターグループ（メディア広告等に関与する芸術的創作者グループ）…70／4 マーケティングコンサルタントグループ…70／5 企業内マーケター（企業のマーケティング・セクション）…71
6 本章を終えるにあたって…72

第3章 デ・マーケティング戦略の再考……78

1 デ・マーケティングとは…78
2 デ・マーケティング概念の誕生と経緯…80
3 デ・マーケティングの解釈とその意義…82
4 デ・マーケティングの虚像と実像…87
1 観光産業におけるデ・マーケティング…87／2 タバコ産業に見るデ・マーケティング戦略の実態…88／3 消費者金融に見るデ・マーケティング…89／4 プラスチック製品に関するデ・マーケティング…90／5 ファストフードの販売戦略とデ・マーケティング…92
5 デ・マーケティングとReマーケティングによる新たな価値創造—デ・マーケティングを超えて—…93

6 本章を終えるにあたって……96

第4章 脱成長とマーケティングは共存可能か……101
1 「成長なき繁栄」および「脱成長」とは……102
2 「豊かな社会」の欺瞞から「簡素な豊かさ」……104
3 薬物依存症としての消費熱……105
4 経済成長を前提としたマーケティング……105
5 脱成長論とマーケティング倫理……107
6 文化相対主義とマーケティング……111

第5章 マーケティングは持続可能な社会を実現できるか……117
1 マーケティング活動を抑制することは可能か……117
2 持続可能な「開発」とは……119
3 倫理的消費とマーケティング……121

４ 持続可能な社会のための叡智……124
１ ＥＳＤの概要…124／2 エントロピーの法則…129／3 ジェレミー・リフキンの「エントロピー」思想…130／4 マーケティング・イデオロギーの変革へ…131／5 七つの社会的大罪…135

第6章 マーケティングの原点は「商い」である……141

１ アメリカ・マーケティング協会（ＡＭＡ）の設立背景とその役割…143
２ 日本のマーケティングの原点―「三方よし」の商人思想と行動哲学…146
３ ユダヤ商法とマーケティング…150
１ ユダヤ商法第1戒「正直であれ」…153／2 ユダヤ商法第2戒「好機を捉えろ」…154／3 ユダヤ商法第3戒「生涯にわたって学べ」…154／4 ユダヤ商法第4戒「時間を貴べ」…155／5 ユダヤ商法第5戒「笑え」…156／6 ユダヤ商法第6戒「使命感を持て」…157／7 ユダヤ商法第7戒「過去から学べ」…158／8 ユダヤ商法第8戒「話す倍聞け」…158／9 ユダヤ商法第9戒「弱者に施せ」…159／10 ユダヤ商法第10戒「家族を大切にせよ」…161

第7章　欧米文献に見るマーケティングの批判研究……165

1　マーケティングの批判的見解―第1巻の概要…166

1　顧客は神様か…166／2　ソーシャル・マーケティングの展望と限界…168／3　マーケティング・マネジメントに対する反省…170／4　消費文化論とマーケティング批判…171

2　マーケティングの批判研究における理論的および経験主義的見解―第2巻の概要…175

1　批判的研究と管理的研究…175／2　広告とフェティシズム…176／3　パノプティコン的役割としての広告代理店…180／4　マーケティングに関するフェミニストの批判的見解…182／5　行政の役割としての「消費者庁」…186／6　消費者とTIHR（タビストック人間関係研究所）…188／7　ブランドとブランド批判…191／8　顧客の変化―ブランド化とコモディティ化…196

3　マーケティング倫理および社会的諸相―第3巻の概要…198

1　消費者選択の形成…200／2　開放的消費…204／3　マーケティングとグローバルな社会正義…206／4　マーケティング倫理…208

4　本章を終えるにあたって…210

第8章　マーケティング・ディスコースをめぐる批判的見解

第8章　マーケティング・ディスコースをめぐる批判的見解……221
1　マーケティング・ディスコースとは…221
2　マーケティングの問題点とその考察…223
3　マーケティング・ディスコースとポストモダン・マーケティング…227
4　マーケティング・ディスコースから得られるもの…229
5　本章を終えるにあたって…230
補　筆　マーケティングの批判的研究文献……234
おわりに……239

序章　批判精神の論点

序章では、本書を貫く批判精神の概要を述べる。本書の随所には、マーケティングに関連する疑問点あるいは批判などの内容が盛り込まれている。論点は、章ごとに構成したつもりであるが、特に明記していない場合は、本書全体の内容に触れている。

▼マーケティングの批判的視点

マーケティング活動を別な視点から捉えてみると、消費の欲望を掻き立て、浪費癖を育む手段といえなくもない。広告や宣伝活動など、あらゆるメディアを利用し、日々これでもかこれでもかといった広報活動に邁進している。溢れんばかりの多品目の商品群を目にしたとき、「どれだけ生産し消費すれば満足なのか」という疑問が生じてくる。企業ごとに販売されている同一商品を選択する場合の迷いと時間の浪費、しかも一度購入した商品を大切に使うと疎まれる時代、次から次へと新商品が現れ、購買意欲をそそがれるのが現実であろう。

こうした視点から、古典的であるが、ヴァンス・パッカード「Vance O. Pachard, 1914-1996」の『浪費をつくり出す人々』（一九六〇年）による「計画的廃物化（陳腐化）」を取り上げてみる。古典的といっても現代に大いに当てはまる。計画的陳腐化の考え方は、機能的にまだ十分使える能力を有する商品でも、定期的にしかも計画的にデザインやスタイルを変え、在来商品を流行遅れにすることで、新たな需要を喚起し市場を刺激することを意図したマーケティング戦略の一環なのである。「過剰な需要喚起に裏打ちされた消費文化」を謳歌する私たちは、環境問題や廃棄物など、現代が抱える多くの諸問題を考えながら、「マーケティングの持つネガティブな側面」を考えていかなければならない（第1章で詳述）。

さらに、ネガティブよりもやや強調した表現として、アンチ（反対・対抗・排斥）という接頭語を加えて「アンチ・マーケティング」―マーケティングの批判的強調性や不完全性・欠陥などの立場―を明らかにすることで、マーケティングの持つ二面性や多義性を導出していきたい（第2章で詳述）。

▼逆説的マーケティングの考え方

マーケティングは、需要を創造し刺激し、喚起する活動として認識されている。しかし、現代のマーケティングにとって、逆進性のマーケティング、つまりデ・マーケティング（demarketing）の側面が浮かび上がっている。それはまさに現代的課題として多くを示唆する概念ではないかと思う。大量生産や大量消費、大量廃棄に象徴されるモノ過剰、結果として環境問題、エネルギー問題などに関して新たなパラダイムの構築が必要となっている。

デ・マーケティングとは、通常のマーケティングの考え方とは逆に、顧客の需要を一時的もしくは恒久的に減退させるマーケティング手法である。つまり、需要が旺盛で製品やサービスが対応しきれない場合など、一時的に価格操作をしたり広告を減らすといったことを行うマーケティング手法である。しかし、この手法を選択的に使用することによって、意図的に需要を煽ることになり、結果的にブランド・ロイヤルティを向上させることもある。

一見、デ・マーケティングの考え方には功罪両面あるが、現実的なデ・マーケティングが適用される場合や現象などを垣間見ることも必要なことである。現代では、この「需要を抑制する」というデ・マーケティングの考え方が必要になる場合もあるが、一方、Ｒｅマーケティングを訴求するマーケティングの事例も増えてきている。こうした考え方は、「消費のマーケティング」から「節約のマーケティング」への転換として、時代の要請するコンセプトになりつつあり、時代的な象徴として、マーケティングのとらざるを得ない選択肢なのだろうと考えている（第3章で詳述）。

▼マーケティングの「知の営為とパラドックス」

マーケティングとはまさに知の創造と営為である。しかし最近のマーケティング活動には多くの点で、批判されるべき諸相が見受けられる。

国内のみならず、グローバル化した企業競争に勝ち抜くための方法論やその考え方・思考様式が、現代社会の錯綜した時代において多くの問題を惹起している。それはあまりにも巧妙な装置を用意することによって、その妙味だけがすこぶる目立った存在として映るようになっている。

最近思うことであるが、マーケティングは知の創造と営為に対してさまざまな活動を展開しているが、一方ではシニシズム（cynicism：冷笑主義）※や瑣末化傾向を生みだし、さらに不平等社会を復活させた新自由主義への加担をも問わなければならないではないかと思っている。*1 つまり、持たざるもの、持つことのできない人々の諦めの境地である。こうしてマーケティングの「知の創造と営為」が利益の最大化や利潤追求に邁進するあまり、マーケティングの戦略的思考が、「ネガティブ」で「アンチノミー」な様相を醸し出しているといえる。

※　シニシズムとは、社会の風習や風潮、事象あるいは道徳などを冷笑し、無視する態度で、一般的には冷笑主義と訳される。つまり社会や人間に対して、虚無や諦めの眼差しで傍観したり皮肉ったりすることで、その行為や思考が結局は「存在の誇示」という、社会や対人依存症の表現のひとつと見なされる。それは社会に依存しながら、冷笑に反応して自らの「居場所」を確保するような人物に当てはまる。
　シニシズムに似た言葉として、ニヒリズム（nihilism：虚無主義）がある。ニヒリズムは、すべての事象の根底に虚無を見いだし、何物も真に存在せず、また認識もできないとする立場で、既存の価値体系や権威をすべて否定する思想や態度である（ツルゲーネフ、ニーチェ、カミュなどに代表される）。シニシズムと異なる点は、社会に対して諦めて期待はしないが、自己の意思を明確に持ち、やるべき事をやり、自分の事だけは諦めずに懸命に生きる人物に当てはまる。

「成長なき繁栄」とマーケティングは共存可能か

したがって、マーケティングの知の営為とパラドックスという両形態をどのように有機的に再統合した新しい質や内容をともなったマーケティングを構築するか、すなわち「倫理観にもとづいた知のマーケティングの創造と営為」を再構築しなければならないのではないかと考えている。なぜなら、地球における環境観、企業の商品・サービスにおける倫理観および消費者像、人間の幸福観、さらには絶えざる経済の成長観など、さまざまな面でマーケティングの影響力が増しているからである。成長観については、セルジュ・ラトゥーシュに代表される「脱成長論」について、第4章で展開したいと考えている。

ところで、「成長なき繁栄」とか「脱成長論」といった言葉は、一見、矛盾した言葉であるが、こうした撞着法を用いることで、そこに新しい意味を持たせ、過去からの反省と批判を展開することによって、「脱構築」の可能性を見出せるのではないだろうか。

マーケティングは絶えず、経済の成長性や消費の拡大を前提に議論するものであって、いかに消費の需要を喚起するかの手法を常に考えて戦略を構築している。しかし、生活の「豊かさ」を前提とするとき、従来の物質至上主義の概念のみでは、現代の生活の豊かさを具現するものとはならない。つまりマーケティングそのものの主体的な考え方ではなく、現実的な経済、あるいは生活観、雇用、あるいは諸々の社会的変化を主体的な形で、マーケティングはどうあるべきかを考えなければならない。

マーケティングの思想はアメリカ型の「金ぴか」時代の名残を色濃く残したものを抱え込んだまま、新たな理論や思想を構築できないでいる。これからも無限の成長が続くと思い込んで、マーケティングそのものの基本的な考え方を、大きな社会的変革の中で目覚めることなく引きずっているようでならない。ここに成長なき繁栄とマーケティングは共存可能かどうかを考えてみたい（第4章で詳述）。

▼マーケティングは持続可能な社会を実現できるか

既述したように「成長なき繁栄とマーケティングは共存可能か」と同様に、「マーケティングは持続可能な社会を実現できるか」に対する見解と批判を展開することによって、自ずとその解が見えてくるように思う。

昨年の二〇一四年一一月に、ユネスコ国際会議「持続可能な開発のための教育」（ESD：Education for Sustainable Development）が名古屋国際会議場で開催されたことは記憶に新しい。この持続可能な「開発」とか「発展」とは、やや欺瞞的で詐術的な言葉でもあると思っている。持続可能な社会を実現するには、「開発」や「発展」ではなく、「知恵」や「能力」を導き出して活用する「叡智」こそが適切なのではないか。つまり「持続可能な社会への叡智」であろう。

従来から、天然資源を利用して溢れるばかりの製品開発、土地開発と称して森林伐採をしてきた都市化開発、それによって確かに産業や交通が盛んになり、豊かな幻想が実現してきた。それらを実現するには、自然資源の枯渇、膨大なエネルギーの消費拡大であった。したがって持続可能な社会を実現するには、従来から行われてきた「開発」や「発展」に対して「否」を突きつけるための「叡智」が必要なのである。

こうした動向に、個人の「倫理的消費」や企業側のマーケティング戦略の見直しが必要不可欠となってくる。エネルギーの消費拡大と地球環境保護の観点から、マーケティング・イデオロギーの変革が望まれる（第5章で詳述）。

▼経済成長とGDPの概念およびマーケティング

まず、GDPの概念（もとはGNP：国民総生産）についてであるが、これは経済学者であるサイモン・クズネッツ［Simon Smith Kuznets, 1901-1985］によって考案されたものである。これは国家の「総生産と総需要」に注目した指標で、一国の生産力や消費力を測る物差しである。しかし、クズネッツ自身も認めているように、GDPは国民の幸福を推し測ることはできない。したがって、GNPでは過剰なほどのモノを生産し、過剰なほどの消費をすることでGNPの指標が大きくなる。

大気汚染を引き起こす活動、タバコの広告、道路での事故による救急車の出動費、犯罪増加による刑務所の費用、自然が破壊されて都市を開発する、戦車・戦闘機・空砲弾、隊員などの防衛費、娯楽として楽しむテレビ番組・コマーシャルなどはGNPに参入される。一方、健康や教育の質、美しい詩、夫婦の絆、公開討論に見られる叡智、公務員の高潔さ、人々の機知、勇気、知恵、学び、思いやり、国への忠誠などは測ることができない。要するに、生きることを価値あるものにしてくれるものは何も測れないということなのである。[*2] こうして測ったGNP（またはGDP）の指標では人々の幸福感などはお金で測られる結果になる。それが過剰ともいえる生産力の強化と消費意欲を過剰に刺激する結果となる。

現在でも経済成長の指標として、日本を含めて欧米各国ではGDPが使われている。成長とは、物事の規模が大きくなること、拡大することを意味する。経済の高度成長、事業が成長する、成長株など肯定的な意味で使われ、それがわれわれの思考に揺るぎなくインプットされている。しかし、成長することが否定的な意味として捉えられることはまずありえない。

現代においては、この成長概念の裏側に存在する否定的な意味を理解する必要がある。今のわが国の現状では、つまり経済成長が達成できた、あるいは成熟段階に達した結果、何が噴出しているだろうか。社会保障の不安、老後の不安、年金問題、非正規雇用の問題、地球環境・地球温暖化の問題、有り余る物的財や飽食を満たすための大量生産・大量消費、そして大量廃棄の問題、経済優先、効率優先、拝金主義など、数え上げたらきりがない。こうした問題を惹起した手段や戦略がGDPの概念であり、加えて、経営戦略論やマーケティング戦略なのではないだろうか。「成長」という意味を問い直すべき時代に差しかかっているのである。

マーケティングの「欺瞞的」手法

一方、マーケティング活動は時として、欺瞞的戦術であるとの批判を受けることもある。欺瞞はマーケティングのみならず、われわれの社会生活に広く浸透している。『市場における欺瞞的説得』（二〇一一年）の著者、デビッド・M・ブッシュ他によると、[*3]「欺瞞とは成功するか否かに拘わらず、送り手が誤りと考えている信念を、（誰かの中に）作り出したり持続させるたりするために、事実や感情的表現を言語的手段や非言語的手段によって隠蔽したり、捏造したり、その他のやり方で操作しようとする入念な企てである」[*4]と定義されている。また「欺瞞は米国市場における最も重要な現象のひとつであって、欺瞞という病弊があるという懸念である（略）。こうした欺瞞的マーケティングは広く蔓延しており、消費者に害悪を及ぼしている。健康、福祉、財産、プライバシー、自尊心、社会への信頼を脅かしているだけでなく、フェアな競争を蝕み、マーケティングという職業とその実践をおとしめているのである」[*5]と。こうしたことはわが国でも例外ではない。

さらに続けて、一般的に「欺瞞に関しては法的な問題として扱われているが、企業経営やマーケティングに関しては、企業弁護士、裁判官、陪審員、消費者庁など政府の規制当局者が関心を抱く事柄である。市場における欺瞞から守ることをわれわれ消費者は学ぶべきである」[*6]として、教育的介入の機会と必要性を訴えている。

ここで重要なことは、マーケティングおよびマーケティングの教科書、さらに市場における欺瞞や批判について書かれた本は皆無に近いということである。したがって、そうした批判や市場の欺瞞を消費者が学んだり、大学でも効果的な学習の機会を与えたりすることが必要不可欠ではないだろうか。

ところで、「批判」とは「物事に検討を加えて判定ないし評価する」といった意味で用いられる。つまり、物事の考え方や事象を十分に分析して客観的に、しかも批判的に判断・解釈する思考方法である。一方の「否定」とは「非として認めないこと」、「打ち消すこと」といった個人の主観的判断であって、批判とは同義ではない。マーケティングに対しては批判があっても、否定する者はいないのが事実であろう。

しかし、マーケティングは市場における実利主義が効を奏する場でもあるから、時として行きすぎた面の多いことも認めなければならない。

▼マーケティング概念の再考と戦略思考

一九七〇年代は、市場志向性の高い企業が台頭した時期でもあった。ビジネスを成功させる鍵は製品の質にあると考えられてきた。つまり、高品質で丈夫な製品を作りさえすればそれを売ることは難しいことではないという、「製品志向」といわれる考え方が支配的な時代であった。中産階級が拡大し続ける二〇世紀前半においては、製品志向はおおむね正しい考え方であった。言うなれば、「良いモノを作れば、客が押し寄せてくる」時代であった。

しかし、第二次世界大戦によって市場の拡大が飽和すると、モノを売ることはだんだんと難しくなっていったため、販売に重点が置かれる時代が到来した。一九五〇〜一九六〇年代は、「販売志向」と呼ばれる考え方が支配的な販売の時代（sales era）として知られている。良いモノを作るために努力する時代から、モノを売るために努力する時代へと変化した。したがって、歴史的負の遺産ともいうべき考え方、つまり、現在の販売論と同列に考えられるマーケティング論の誤解の端緒は、この頃に醸成されたものといえる。

一九七〇年代初めになると、セオドア・レビット［Theodore Levitt, 1925-2006］をはじめとするハーバード大学の研究者達は、「販売志向」は時代遅れであると論じた。彼らは「製品を作って、それを売る」よりも、「顧客の望むものを知り、それから作るべきである」と主張した。すなわち「顧客がすべての戦略的意志決定をドライブする」という考えである。この市場志向という考え方は、「顧客志向」(customer orientation)、マーケティング哲学 (marketing philosophy)、顧客との親密性 (customer intimacy)、顧客フォーカス (customer focus)、顧客主導 (customer driven)、市場中心 (market-focused) など、さまざまなラベルの下で、研究が蓄積されることとなった。

こうしたマーケティングの発想や考え方は、時代とともに変化した (あるいは時代がマーケティングを変化させた)。このマーケティングの発想自体が「いかに売上を伸ばすか」という戦略的方法であり、持続的成長と利益の創出という原因のみに終始し、その結果、例えば、お金がすべて、お金で買えないものはない、といった拝金主義が蔓延する結果となる。さらに過剰な製品の創出と過剰な廃棄など、温暖化現象・地球環境問題にも直結することになる。

このような尺度でものを見る場合、持続的成長が可能なのか、成長という概念をこのまま肯定的にわれわれの頭脳にインプットされてしまっていることが正しいのか、反省してみる必要があるのではないだろうか。

一方、マーケティング戦略とか経営戦略といった場合の戦略とは攻めの姿勢である。もともと、戦略とは戦争に勝つための総合的・長期的な計略である。こうした考え方は企業などの組織を運営していくために、将来を見通しての方策を立てることである。戦術は具体的・実際的・短期的な戦術に対して、戦略はより大局的に長期的な方策を立てることである。したがって、戦略は競合他社や顧客に対して、あるいは経営環境や文化的環境も対象となる。ここで、戦略概念を再考してみることにしたい。

経営戦略論とは過剰に生産能力を伸ばし、過剰なほどの商品を作って、法すれすれの広告戦略を企画したり、競合他社に打ち勝つための戦略を考えるための道具ともいえる。マーケティングも同じような戦略的道具ではないかと思う。経営学に「戦略」という言葉を付与したのは、一九六〇年代の米国の経営史家、チャンドラー［Alfred DuPont Chandler, 1918~2007］である。チャンドラーの有名な言葉「組織は戦略に従う」という命題は、将来を見据えた長期的な視座の重要性を強調した言葉である。すなわち、個々の職能や部署を個別的に考えていくのではなく、戦略という長期的視座の下で職能間・部署間を包括的に調整することが重要であると主張した。

ちなみに、日本を代表する経営学者である伊丹・加護野（二〇〇三）の定義によると、戦略とは「市場の中の組織としての活動の長期的な基本設計図」、「企業や事業の将来のあるべき姿とそこにいたるまでの変革のシナリオを描いた設計図」といえる。また、石井ら（二〇〇二）は、その著のなかで「将来の構想」という言葉を使用していることからも、企業や事業の収益、また成長に貢献していく設計的な意味合いをもっている。

それは企業の長期的な持続的成長と収益の確保を維持するための概念で、誰しもが認める肯定的見解である。しかし、それを追い求めた結果としての、つまり維持するための原因（戦略）を立てても結果に対しては肯定的なシナリオしか考えられていない。ダイナマイトを発明したノーベルは、それを人類の幸福のために作り、結果として恐ろしい結末を惹起した。企業の成長や収益の持続可能性のために考えられる戦略などは、結果として、多くの問題を引き起こしている（第7章で詳述）。

マーケティングの原点は「商い」である

マーケティングは、一九世紀末のアメリカで生まれて発展してきたものである。マーケティングの知識や訓練の内容がアメリカの諸大学の学問的環境やビジネス環境の差異、社会的環境の変化など、アメリカの広大な地域間で異なるものになってしまうため、マーケティングの原理を制度化する必要があった。そこで組織化されたのがＡＭＡ（アメリカマーケティング協会）である。

マーケティングは「時代の動向をいち早くキャッチし、変化の動向に迅速に対応するスキル」となった。結果として、変化する顧客のニーズを把握すること、科学の進歩とそれに伴う新しい技術やアイデアの開発、生活環境や文化・習慣の変化、短時間での情報交信による変化の度合いの増加、競合する多くの企業同士の効率化競争など、それらによって、進化し続けることがマーケティングの神髄であり前提となっている。しかし、マーケティング信仰や標榜主義は多くの問題点をさらけ出していることも事実である。いってみれば、マーケティングとは、知識面の能力を含んだビジネス・スキルであって、科学的装いを纏《まと》うからややこしいのかも知れない。

マーケティングは「変化に対応するスキル」と述べたが、マーケティングの考え方は、決してアメリカだけに生まれたものではない。マーケティングの原点は「商売」（ビジネス）である。つまり、マーケティングとは「商売」の仕組みを体系化したもので、実際に即した道理（実務理論）である。その理論や知恵を用いることで立案する知恵と工夫が「マーケティング戦略」である。古くはわが国でも「三方よし」の商人思想、中国の「華僑商法」、ユダヤ人による「ユダヤ商法」など、マーケティングの原型があった。それらと比較すれば、マーケティングはとりわけ特別な存在ではない。そうした精神性の比較差異をすることによって、現代マーケティングの特質が浮かび上がるのではないだろうか（第6章で詳述）。

▼欧米におけるマーケティング批判研究の興隆

やや専門的になるが、経営学の分野には、実は一九八〇年以降、批判的経営研究（Critical Management Studies：CMS）[*7]が、イギリスのマンチェスター大学の労務管理理論の研究者であったウィルモット［Willmott, Hugh］によって、伝統的な経営理論（マネジメント）の依拠する思考方法には、権力作用や抑圧性が伴っているとして批判したものがある。そうした批判研究の目指すものは、現代的なマネジメントの本質を解明し、内在的な言説批判をすることによって権力関係を変質させ、秩序や体制を民主的に変革するというものである。マーケティングにおいてもしかりで、マーケティングの内在的な言説を批判し、巧妙なトリックなどを表出し、われわれ生活者としての自立した生活マーケティング（賢い消費者としての企業戦略に対する冷静な見方など）を標榜しなくてはならない。

高浦によると、CMSはマルクス主義的な労働過程分析やフーコー主義的なポスト構造主義に基づく権力分析を包摂しつつ、主としてフランクフルト学派の批判理論の方法論を基礎として、テクノクラシーの進展に見られる道具的な合理主義への批判、利害関係の偏向によるコミュニケーション関係の歪みの析出といった研究プログラムを展開しているという[*8]。その流れのひとつに、「CMSのアプローチ」からマーケティング研究においても「批判的マーケティング」（critical marketing）の研究がひとつの方向性として出てきた。

フーコー流に述べると、マーケティングというのは特定の理論的立場や特定の流行になっている、あるいは主流となっている立場をとることが多く、そうした同じベクトルに向かいやすい傾向があるということである。そうした特定の観念や信念の有無を言わさないほどの受け入れを要求するといった姿勢は、特定の宗教集団や政治党派に加入するようなものであると。そうした意味で、マーケティングはドグマの強制と言わざるを得ない性質を持っているのではないだろうか。

マーケティングの戦略的ツールは絶対的なものではなく、理論であれ、思考方法や思考様式であれ、客観的に認識されるべきもので、その批判もまたしかり。批判も真摯に受け入れ、それがマーケティングという知の解体と構築が行われて、より良きマーケティングの存在意義としての役割があるのではないだろうか。

モニエソン［Monieson］も指摘しているが[*9]、消費者に対する操作は多くの場合、消費者の内面を無意識にふくらませてきた企業、さらにはマーケティング実務者や研究者に起因してきた面もあり、消費者が商品やサービスを正しく認識しないまま、消費者の欲望を操作してきた面も否めない。まして、マーケティング活動が経済・社会に及ぼす影響は計り知れない。だからこそ、マーケティング研究の分野や領域を定義するには一定のベクトルではなく、限定されてしまっていることを批判し、常に社会に及ぼすマーケティング活動の性質なり善悪を再考する必要がある。後述するが、最近でこそアメリカマーケティング協会（ＡＭＡ）では、マーケティング倫理を前面に打ち出しているが、それを広く一般的に流布させる必要性を感じている。

したがって、本書の意図することは「マーケティングの批判精神」であり、マーケティングに潜むさまざまな批判的な見解や見方、考えを述べることにある。そうした見解はわが国ではほとんど展開されていないが、補筆に掲載しておいた邦書や外書の「マーケティングの批判的研究文献」をご覧いただければ多くの批判文献のあることが認識されると思う。

新潮流マーケティング戦略の批判的論点

以上の批判的論点の他にも、以下に挙げるニューロ・マーケティングやビッグデータによるマーケティン戦略の活用がある。本書では直接触れていないが、概要だけでも掲載しておきたい。今後のマーケティング批判の論点にしたいと考えている。

(1) ニューロ・マーケティングの功罪

ニューロ・マーケティングについては、これも批判の対象と考えている。ニューロ・マーケティングは、「神経マーケティング」あるいは「心脳マーケティング」とも言われている。それは、人の無意識から生じる行動原理を脳の活動から明らかにすることで、マーケティングに役立てようというアプローチである。具体的には、消費者の脳の反応を計測することで、消費者の心理や意思決定の仕組みを解明し、マーケティング戦略に応用しようとする新しい試みとして流行している手法である。

従来、消費者の心理反応や態度・行動の測定は、アンケートなどの質問紙やグループディスカッションなどを用いて消費者の自己申告によって行われることが多かったし、今でも行われている。しかし、ｆＭＲＩ（functional Magnetic Resonance Imaging：機能的核磁気共鳴画像法）やＭＥＧ（Magnetoencephalogram：脳磁図、神経細胞の電気活動によって生じる磁場を観察するもの）をはじめとする脳計測技術の発展により、自己報告では知りえない消費者の反応、すなわち消費者自身も意識していないような心理反応が測定できるようになった。こうした測定方法は、広告やブランド評価を測定する方法として、学界のみならず、実務界でも高い注目が集まっている。

しかし、ニューロ・マーケティングの手法には懸念も存在している。つまり、解明されずにきたブラックボックスとして脳を解析することで、無意識下での人間の行動や心理までも解明され計測可能になり、データ化されてしまうと、夢やロマンといった神秘的な謎までが解析されデータ化されてしまい、それによって、われわれはますます操作されてしまうことが懸念されるところであろう。

また、科学的手法を使って、既知のことやマーケット調査でわかるような安易なことを確認しているにすぎないようなケースも生まれる。取り方によっては一種のマインドコントロールともとれるため、これによるマイナスイメージでブランドに傷がつくことも考えられる。実施するにもそれなりのコストがかかるはずである。

人間の知性は留まるところを知らず、人間のブラックボックスである深層心理をｆＭＲＩで解明しても、何をどのようにして消費者の購買行動を知ろうというのだろうか。ブラックボックスには夢とロマンが個々人それぞれ生まれ育った環境によって、多くのものが詰まっている。そこまでして、マーケティングに応用することが必要なのかどうか疑問が残るところである。マーケティング倫理が求められる所以でもある。そうでなければ、マーケティングというのは儲け主義による権化と化すはずではないかとも考えている。

(2) ビッグデータによるマーケティングの課題

ビッグ・データ（Big Data）についても本文では触れていないが、後述するように、その問題点や課題などが存在している。ビッグ・データとは、膨大なデジタルデータの集積されたものである。そのデータには文字・数字だけでなく、画像・図表・動画・音声など、さまざまなデータが含まれている。そのデータを活用して、効率的な処理が可能になり、ビッグ・データを処理・解析することにより、多くの顧客行動の予測などが可能になった。特に企業経営やマーケティングなどに活用しようという動きが出ている（知恵蔵二〇一三）。

最近、スマホなどでＳＮＳの利用機会が増加し、それによってデジタルデータがインターネット上に蓄積され、そこから生み出されるビッグデータは膨大なデータが蓄積されているといわれている。そうしたビッグデータを分析できる技術も登場し、それを活用すれば新たなルールやパターンを解明することができるようになった。

アマゾンなどに代表されるオンラインショップは、購買履歴やアクセス情報などのビッグデータを基にして、商品購入の際に、他のおすすめ商品を表示したり、バナー広告の表示もしてくれる。その他、健康情報や位置情報、気象情報など、さまざまな分野で活用できるデータも含まれているため、新たな市場が創出されることが期待されている。

しかし、こうしたビッグデータをマーケティングに活用するにしても、多くの問題点や課題が山積しているのが現状である。

その課題とは、多くの書物等でも指摘されているが、①データを収集すれば、「何か」大きなパターンやルールが読み取れそうだとする期待感は広がるが、しかしどのくらいの費用がかかり、何を抽出したいのかが不明瞭であること、②データ収集には膨大な量と時間がかかるため、適切なデータ収集が可能なのかどうか、③データを分析し、正しく理解することのできる専門家が不足していることなどを上げることができる。

しかも、そうこうしている間にマーケティングに応用しようにも、マーケット環境も変化し、ビッグデータは重要であることは認識しつつ、変化に追い付いていかなことになりかねないのが本音であろう。

＊注

1　唯物論研究協会編『批判的〈知〉の復権』大月書店、二〇一〇年、六〜七頁。

2　John de Graaf and David K. Batker, *What's the Economy For, Anyway?* 高橋由紀子訳『経済成長って、本当に必要なの？』早川書房、二〇一三年、三五〜三九頁。

3　David M. Boush, Marian Friestad, and Peter Wright, *Deception in the Marketplace : The Psychology of Deceptive Persuasion and Consumer Self-protection.* 安藤清志・今井芳昭監訳『市場における欺瞞的説得―消費者保護の心理学―』誠信書房、二〇一一年。

4　同上訳八頁。

5　同上訳一〜二頁。

6　同上訳一〜二頁。

7　批判的経営研究の重要論文をテーマ別に編集した初めての論文集、M.アルベッソン、H.ウィルモット編『批判的経営研究』全４巻、Mats Alvesson and Hugh Willmott（eds.）, *Critical Management Studies*, 4 vols.（Sage Library in Business and Management）1664 pp., 2011.5（Sage, UK）は、マルクス主義の労働過程論からラディカルな構造主義とポストモダニズムまでを包括する。批判的経営研究の傘下に入る研究の膨大な量と多様性は過去五〇年の間に急激に増大し、批判的経営研究は、経営学会の中に独自の国際学会や部門を持ち、経営管理研究の重要な、激しい論争の的の分野として認められるようになった。現代批判的経営研究の創始者であるM.アルベッソンとH.ウィルモットは、経営研究の文化・主観性・意味の批判的検討にとって重要な理論家である。本論文集は、二〇世紀の批判的経営研究の遺産を伝えると共に、将来の重要課題を設定しているつい最近の論文も収録されている。

第1巻「批判的経営研究―概観、起源、発展、論争」は、「起源と初期の発展」と「概観」の部から、第2巻「批判的組織研究」は、「組織構造」、「組織文化」、「組織行動」、「ジェンダーとエスニシティ」、「組織民主主義と労使関係」の部から、第3巻「経営学の下位分野」は、「情報システム」、「オペレーショナル・リサーチ」、「企業家精神」、「会計と財務」、「マーケティング」、「環境経営」、「戦略経営」、「人的資源管理」、「批判的経営教育」、「倫理と企業責任」の部から成り、第4巻は「論争、（自己）批判、反省性」をテーマにしている。

8　日本経営倫理学会編『経営倫理用語辞典』白桃書房、二〇〇八年、二二〇～二二一頁。

9　D.D. Monieson, "Intellectualization in Marketing : A World Disenchanted", *Journal of Macromarketing* 8(2), 1988, pp.4-10.

第1章　マーケティングのネガティブな側面と問題点

―消費の欲望を掻き立てる手段と浪費癖を育てる道具―

1　ネガティブ・マーケティングとは

見方を変えてマーケティングを否定的に捉えるならば、消費の欲望を掻き立て、消費癖を育む手段としての戦略的道具ではないだろうか。

マーケティングという学問は一九世紀末期から二〇世紀初頭にかけて誕生したとされている。日本では一九五〇年代以降と言われていることから、六五年が過ぎているわけである。マーケティングの母国、アメリカでは特に一九六〇年代以降、多種多様なマーケティング分野を開拓してきた。マーケティングの手法は従来から理論や実践面で、正当な企業活動としての一翼を担うものとして生成・発展してきた。それはマーケティング活動としての実践こそが企業の利益を生み出す源泉であり、戦略的手法であるからである。したがってマーケティングは、個別企業の売上や最大利潤獲得のために、新製品の開発や新市場を開拓する手法として生成・発展してきた。

しかし、こうしたマーケティング戦略が資本主義社会における「正論」としての論理展開がなされているところでは、「負のマーケティング」あるいは「ネガティブ・マーケティング」といったものが存在しないかのようである。かといって、マーケティングには社会や人間や環境などに与えるさまざまな負の影響が潜んでいることも事実なのである。論理記述が「正」のみに傾いており、「負」としての論理記述が行われてこなかったし、あえて埋没させてきたといってもいい。「負のマーケティング研究」や「批判的マーケティング研究」を行うことは、現実のマーケティングのあり方に対して、別な意見もあることを認めるべきであろうし、マーケティングのあるべき問題を省察するためにも意義あることではないだろうか。

わが国でも、マーケティング学者からなるマーケティングに関する批判的見解を試みたものがいくつかある。例えば、白髭武著（「マーケティング論とその破綻」『経済』一九七五年六月号）、荒川祐吉著（「マーケティング論における科学方法論争の批判的考察」神戸大学『紀要』一九八六年六月号）、柏尾昌哉著（「日本におけるマーケティングの展開と挫折」『阪南論集 社会科学編』第二五巻第一、二、三号、一九九九年）、菅原昭義著（「消費社会の進展とマーケティング批判—消費生活様式の展開に対するマーケティング批判からの教訓」日本大学国際関係学部国際関係研究所、一九九九年一二月）、保田芳昭著（『マーケティング論』［第二版］大月書店、一九九九年）、松井睦著（『「表層マーケティング」批判—ネオ・モダンのモノロジー』日本コンサルタントグループ、一九九一年）などが列挙される。詳しくは巻末に掲載してあるので参考にして頂ければと思う。
以下では、マーケティングの批判的な側面について、新旧織り交ぜて述べたい。

1 マーケティングの伝統的な考え方

伝統的なマーケティングの考え方によると、マーケティングは生産者と消費者が双方に利益をもたらす実践的活動であるとの認識が一般的である。いわゆるウィンウィンの関係である。確かに、国民生活にとってもマーケティングは市場開拓や拡大を図り、新製品を次々と開発し、多くの商品情報を提供し、流通させ、サービスを改善するなどして消費生活を活性化させ、豊かさを提供してきた面も否めない。しかし他方、現実には企業の利得目的のために「計画的陳腐化」のような浪費を促進させたり、消費者を欺いたり、環境を破壊したり、健康や生命を脅かしたりといった負の側面ないしネガティブな側面をも有している。「計画的陳腐化」の議論は、マーケティングの考え方を非難する概念としてよく取り沙汰されるものでもある。

さらに「需要の創造」というマーケティングの基本的な考え方が、経済や社会の構造的矛盾の深化のもとで歴史的限界に直面しているのではないだろうか。従来のような浪費を促すようなマーケティングでは、持続不可能な社会や地球になりかねないのではないだろうか[*1]。このような問題意識をもったとき、マーケティングのネガティブな側面も意識せざるを得ない。

2 消費の欲望と浪費

かつてガルブレイスは『豊かな社会』において、企業が消費者の需要を作りだす側面を強調して「依存効果」と名づけた。依存効果とは、消費者の欲望が生産者側に依存すること、つまり消費者の自律的な欲望から需要が発生するのではなく、供給サイドである企業の広告・宣伝、販売術によって他律的に需要が形成され、消費行動が生じるということである。彼が主張したかったのは、現代の資本主義には企業が消費者の欲望を喚起して需要を作りだすメカニズムが備わっており、そのメカニズムを通じて資本主義の安定化と拡大が図られているとした点である。[*2] 消費の欲望と浪費に焦点を合わせると、批判的な文脈が感じられる。

言い古されたことではあるが、ガルブレイスとほぼ同時期に、パッカードは『浪費を作りだす人々』[*3]の中で、資本主義経済を支えているのは、膨大な「浪費」にあるとして、次のように批判している。使い捨て文化を助長することによって購入額を増やす戦略、計画的に製品が壊れるように設計する「計画的廃物化」、継続的なモデルチェンジによって従来の製品を古く見せる「心理的廃物化」、安売りやクレジットによる販売など、製造や販売段階のものを含めて幅広く論じている。ガルブレイスやパッカードの指摘したような論点は、現在ではさらにソフィスティケートされた、さらに巧妙かつ多様に手の込んだマーケティング戦略を試みるようになった。市場には新製品がより短いサイクルで次々に投入され、さらに広告表現はますます複雑で手の込んだものになり、オンラインショッピングなど店舗形態も多様化し、さまざまな販売方法が開発されている。商品・サービスのみならず、現代の消費者は、企業の作りだす過剰ともいえる膨大な刺激の中で生活している。[*4]

こうした供給サイドに立った高度消費社会の根底には「生産者は巨大な資力を持って消費者の欲望を操作することができるし、彼らは消費者が買いたいものを売るのではなく、彼らは売りたいものを売る。あるいは売りたいものを買わせる」のである。[*5]

高度な消費社会では、なくても良かった物、必要量を超えている過剰な物がかなり多く、浪費的な消費傾向が強い。こうした浪費的ともいえる欲望を満たすことによる弊害、あるいはハレーションを伴う事象が多くなってきている。行きすぎた快楽追求による人格的破綻、過剰な支出による家計の破綻、少年非行や犯罪の増加、物の大量消費による資源の枯渇、環境汚染など枚挙に暇がない。消費者の欲望充足は、本来人間を幸福にするはずなのに、その裏側でさまざまな問題が発生している。[*6] いわんや、消費者の諸問題に対して、消費を真正面から分析してきたはずの経済学においても、あるいはマーケティングにおいても、需要サイドに立った研究が看過されてきた面も否定できない。特に、マーケティングサイドでは消費者を単なる販売対象としてのみ念頭に置いてきた節がある。

昨今、人は消費量の大きさで成功の度合いを測る傾向が強くなっている。アメリカで形成された大衆消費文化中心のライフスタイルは、世界中で模倣されている。こうした消費者欲求への刺激は、視点を変えれば、地球環境を大いに傷つけている所業になる。消費社会のための資源の開発・利用は、有害物質をまき散らし、回復不可能なまでに地球という土地を酷使している。人間はどの程度の消費なら欲求を満足することができるのか、[*7] という問いかけに対しても、古来いわれているように、人間の欲求は次から次へと生じる際限のないものである。このような限りない人間の欲望によって、地球の危機的環境はますます悪化している。

グリーン・マーケティングの提唱によってしても、地球温暖化のような環境問題を解決することは本気になって取り組まない限り不可能である。ビジネスのあり方を変えるだけでは解決できず、経済、社会、政治制度すべてについて、システムを変革していくだけでなく、われわれ消費者一人ひとりが自覚していかざるを得ない問題なのである。

マーケティング研究者の多くは、こうした危機感を感じながらも、公に語ろうとしない。なぜなら、従来のマーケティング手法や考え方を全部とはいわないが、一部否定することになるからである。以下に述べるネガティブな側面は消費をするわれわれ自身に考える機会を与えるであろう。マーケティングの諸活動は消費者問題と密接にかかわる問題だけに、こうしたネガティブな側面の研究も重要である。

以下では、マッカーシー［Edmund Jerome McCarthy, 1928–］はアメリカのマーケティング学者で、マーケティング・ミックスの4Pを提唱した学者として知られる4Pの諸概念である、Product（製品）、Price（価格）、Promotion（プロモーション）、Place（場所）に従って、それぞれのネガティブな側面と問題点を記述していくことにする。

3▼製品戦略に見る「計画的陳腐化（planned obsolescence）」の功罪

アメリカの社会批評家であるV. パッカードは、「生産を続けるために消費を人工的に刺激しなければならないような社会は、屑や無駄の上につくられた砂上の楼閣である」と書いている。これは、日本でも話題になったパッカード著『浪費をつくり出す人々』（一九六〇年）に記述されている。パッカードの「計画的廃物化（陳腐化）」とは、新製品を市場に投入するにあたり、旧製品が陳腐化するように計画することで、新製品の購買意欲を上げるためのマーケティング手法である。彼はこの計画的陳腐化には三つの形態があることを指摘している。それは⑴機能の陳腐化、⑵品質の陳腐化、⑶欲望の陳腐化である。ひと言でいうと、機能的にはまだ十分に使える能力を有する商品でも、定期的・計画的にデザインやスタイルを変え、在来商品を流行遅れにすることで、新たな需要を喚起し市場を刺激することを意図したマーケティング戦略である。

通常行われているマーケティング戦略の「計画的陳腐化」とは、PLC（プロダクトライフサイクル）を短縮し、主として新製品の購買促進を目的として行う企業戦略であり、それには、機能的陳腐化、物理的陳腐化、心理的陳腐化の3種類があると説明される。[*8] まず順を追って説明することにする。

(1) 機能の廃物化（機能的陳腐化）とは、技術進歩の結果、在来品の機能が陳腐化するもので、籠から鉄道へ、鉄道から飛行機へ、飛行機でもプロペラ機からジェット機へという発展が在来品を陳腐化する。[*9] しかし近年では、同じ機能的陳腐化といっても、意図的と思われる戦略をとっていることが数多く見られる。それは製品の機能をグレードアップすることで、新製品への買い換え需要を促進する。周知のように、マイクロソフトの「Windows」やインテルの「pentium」などPC関連機器でよく用いられる。パソコンのソフトは、毎年のようにバージョンアップを行い、既存の顧客にまたソフトを買ってもらおうと意図する。[*10]

(2) 品質の廃物化(物理的陳腐化)

品質の廃物化(物理的陳腐化)とは、品質などの製品寿命を意図的に短縮するもので、製品の部品ないしは製品全体を一定の使用時期がくると老朽化、短期間での故障、あるいは物理的に使えなくするように意図的に組み立てる。消費者にとっては、不必要な買い換えを余儀なくされ、浪費が強制されることになる。

例えば、テレビやビデオなどの電化製品は昔とは違って、数年(七、八年)経つと、あちこちが故障したりして新製品を買わざるを得なくなってしまう。これには企業側が製品の寿命をわざと短縮することで、消費者に需要を喚起し、新製品を買わせようといった穿った考えが見え隠れしないでもない。

近年の目覚ましい高度技術の発展にもかかわらず、昔の機器に比べて製品寿命などが劣るといった逆の現象が見てとれる。家電製品はこうした計画的陳腐化を繰り返してきた業界ではないかという偏向した考え方もできる。TVやビデオ、掃除機、洗濯機、冷蔵庫など一度購入すれば少なくとも一〇年は持ちこたえたものでも、数年単位で新たな新製品への買い換え需要を余儀なくされてしまう。カセットテープはCD、MD、さらにDVDへと、技術的進歩とともに、陳腐化された技術革新ともいえよう。物理的寿命をより縮めることで、購買頻度が高まる。自動車が一〇年使えるところを、物理的および心理的寿命を五年に縮めることで、単純に計算すると売上は二倍に伸びる計算になる。ちなみに、自動車部品の故障や陳腐化もこうした類であろう。しかし計画的陳腐化が激しい市場では、中古市場などが栄えるというメリットもある。

(3) 欲望の廃物化（心理的陳腐化）とは、商品の機能や品質がまだ十分に使用に耐えるものを、計画的に管理されたモデルチェンジ手法やスタイル、デザインの変更によって流行を創り出し、社会的に時代遅れとの印象を与え陳腐化することである。それにはいわば、既存の製品を流行遅れにしていこうとする「意図的なマーケティング戦略」と、捨てられるように仕向ける商品設計などが考えられる。製品またはパッケージのデザインを変えることで、消費者にそれを所有することが「新鮮である」と感じさせることで購買を促すものであり、高価格の製品でよく用いられる戦略である。[*11]

機能的にはまだ十分な能力を発揮する商品についても、デザインやファッション性、機能面で意図的に時代遅れ、流行遅れにすることが企図される。ファッション業界ではすぐに新作が発表され、数か月前の新作が「流行遅れ」という感覚を与え、「流行に乗り遅れたくない」という心理状態を誘発し、販売を促進しようとする戦略が見られる。

このような供給サイドのマーケティング戦略における計画的陳腐化戦略は、有限な地球資源における無駄のひとつであり、消費者に対して新たな需要を喚起・刺激することを意図したものと考えることもできる。ことばを換えていえば「強制的ともいえる意図せざる消費は、価値収奪の政策であり、環境破壊をもたらす元凶でもあり、反消費者的、反社会的性格を持つものである」ともいえよう。[*12]

4 過剰な需要喚起と消費文化

このことから、過剰に需要を喚起し、市場に刺激を与え、消費者に対して浪費を半ば強制するようなマーケティング戦略は表裏一体の危険性が内在している。消費者を躍らせて購買行動に仕向ける作為的・人為的意図が現代の資本主義社会の巧妙かつ欺瞞でもある。こうした行為は大量生産、大量消費、大量廃棄の域を超えることができない消費文化の特徴であろう。

マーケティング戦略は、消費者に浪費を強制するものだとする批判がある一方、企業の論理からすると、売上を上げ、利益を創出することは当然であるとする肯定的な面がほとんどである。成熟市場では需要の喚起・創造なしにはマーケティング活動は沈滞したものになるので、到底受け入れられない、と。マーケティングは消費者の生活水準の向上に寄与し、産業活動や雇用を支え、経済活動を活発にするための手法であり、需要創造活動は好ましいものとして評価されるべきものであるとすることも確かである。企業が継続的に成長を続けていくためには、新商品や新サービスの定期的な投入が不可欠である。新商品や新サービスのメリットを消費者側にPRすることで、消費者は従来製品の欠点や不自由さに初めて気づくことになる。

主婦たちが毎日行う家事に革命を与えたのは、昭和三〇年代前半に登場した電気洗濯機といわれているが、昭和二〇年代の主婦たち消費者が洗濯の煩わしさに頭を悩ませ、洗濯機の登場を待ちわびていたかといえばそうではない。消費者は洗濯機のメリットをメーカー側に提示されたことによって初めて自分たちの洗濯板による洗濯方法の煩わしさや不満に気づき、電気洗濯機の購入へと発展していく。最近のコードレスホンや携帯電話などもすべて同じ消費性向を持つ。つまり、企業側は巧みに「欲求不満の消費者を作り出す」ことで需要を高め、売上を伸ばしてきた側面も否定できない。

昭和三〇年代、四〇年代には洗濯機、冷蔵庫、クーラー、自動車など、消費者の物欲を刺激する新製品が相次いで投入され、それによって日本経済は奇跡的な成長を遂げていった。ところが昭和五〇年代以降、ほとんどの家庭にそれらの商品が揃ってきた時点で、消費者の物に対する欲求不満傾向は減少していくことになる。そこで消費者が商品を手に入れたとしても、欲求不満傾向が解消されないような仕掛けをメーカー側が創り出すようになった。これをマーケティング業界では「計画的陳腐化戦略」と呼んでいることはすでに見てきたところである。[*13]

5 価格戦略に見るネガティブな側面と問題点

次に、マーケティング戦略に見られる価格戦略についてのネガティブな側面について考えてみたい。

現代のマーケティングにおける価格戦略の特徴として、非価格競争が強調されているが、企業にとって価格政策は利潤の獲得と直接結びつく重要な戦略である。利潤追求は企業の最たる目的で、つねに最大利潤を追求するべく活動している。非価格競争とは、価格以外のすべての面における市場での競争のことである。販売の時代といわれる今日の市場環境にあっては、この非価格競争が一段と激しくなっている。メーカーにとっての非価格競争には、製品に新たな機能を付け加えたりする製品の差別化、新しい需要層を開発する市場の細分化政策や販売チャネルづくり、広告や販売活動などがある。小売業にとっても非価格競争力は重要であり、店内の雰囲気作りや店員の接客態度、商品知識などといったように、きめ細かなサービスの充実が求められる。

ところで、現代資本主義社会は自由競争を前提としているが、昨今に見られるように、マーケット・シェア（市場占有率、市場占拠率）の生産販売量が過半数、あるいは八〇％、九〇％といった製品群やメーカーが存在する。少数の巨大企業（例えば電力会社など）が市場を独占・支配し、自由な競争を阻害している例が至るところに見られる。こうした寡占市場を形成している少数の巨大企業は生産制限、出荷制限、価格操作、価格協定が可能となり、管理価格といわれる独占価格が成立する。消費者はというと、価値以上に高い価格で購入させられ収奪される。また企業間取引である部品や原材料・生産財機器類が独占価格で売買されると、その完成品も高価格で売買される。つまり、生産財の独占価格が消費財の高価格の原因となる。

独占価格政策は、価格カルテル、プライスリーダーシップ、再販売価格維持が代表であるが、灯油・ガソリンなどのヤミカルテル、ビールや新聞に見られるプライスリーダーシップ（価格先導制）、メーカー希望小売価格に見られる競争制限やヤミ再販、高級ブランド品に見られるような輸入総代理店制度による競争制限やヤミ再販制など、消費財の高価格の原因となっているし、看過できない問題群が潜んでいる。[*14]

消費者側から見てみると，現在の消費者の価格に対する意識（価格マインド）は二極化傾向にあるといわれている。つまり，自分がこだわっているモノには高価格の商品やサービスでも支出するが，あまりこだわらないモノに関しては低価格の商品を選択する傾向がある。その理由については，①商品の選択基準が多様化したこと，②社会的な規制が緩和されてきたこと，③特定のものに関するこだわりが増大したこと，などが作用しているとの意見があげられる。[*15]

消費の二極化の低価格で好調なユニクロは，品質のよい商品を提供して消費者の支持を得ているが，これには消費者のこだわりの小さいカジュアル衣料という製品カテゴリーに限られる。消費者のこだわりが大きい製品カテゴリー，例えば靴やネクタイ，時計などはユニクロと同じ低価格戦略をとっても成功するとはいえない。さらに最近ではネット販売が増えているが，ネットで消費者が価格比較を容易にできるため，顧客一人ひとりに対応した価格設定や，状況に応じたさまざまな価格バリエーションが出てくることも考えられる。[*16] そうした意味で価格戦略は，マーケティングにおいて一層，重要な戦略ツールなのである。

6 ▼ プロモーション戦略に見るネガティブな側面と問題点

プロモーション戦略はコミュニケーション戦略に包含される。コミュニケーション戦略は，企業からの情報発信と消費者の情報受信機能と，消費者からの情報発信と企業の情報受信機能という双方向のコミュニケーション活動がある。プロモーション活動は前者の機能を果たす。いわばプロモーションは企業と消費者を結ぶコミュニケーション過程の一部である。それは製品あるいは企業に関する情報を消費者や生活者に提供・伝達することによって、製品の需要を喚起することである。その手段として、広告活動や販売促進活動、人的販売活動、パブリシティ活動がある。[*17]

いずれも商品の販売を促進する活動が主な内容となっているが、この中でもネガティブな側面として問題なのは、特に過剰な広告活動や欺瞞に彩られた広告・宣伝活動、さらに消費者問題となっている人的販売活動などである。

広告は新しい商品・サービスの情報を消費者に知らせ、消費者の生活を充実するのに有益な情報機能を持っている。生産と消費との人為的、場所的、時間的分離がすすんでいる商品経済社会では、ある範囲での情報提供機能は不可欠である。しかしそれは適切な内容、量、場所で果たされる限りにおいて社会的に有益なものとなる。

しかし一方では、広告のあり方に関しては古くから多くの批判の対象とされてきたことも否めない。広告は商品・サービスを広く認知させ、売り込むために使用されるため、過大広告や誇大広告、不当表示となりがちで、消費者に欺瞞と虚偽を喧伝しがちである。「消費主義の種をまく広告」というフレーズまである。また消費者の健全な消費慣行や購買を操作して歪めるばかりでなく、しかもその費用負担を商品価格に転嫁し、消費者の購買価格を高めるように誘導しようとする反社会的性格をも持っている。

また、広告競争は不必要な物的、人的資源を無駄に使うことによって、地球資源の浪費、環境破壊に通じる反社会的な性格を持つことも看過できない。こうした意味から、広告に対して、より強い社会的規制（立法、司法、行政による規制）が必要であり、[18]また、こうした諸問題はマーケティングの範疇として解決されるべき問題であろう。経済学的にいえば、広告費は「経済学上は流通費のうちの純粋流通費に属し、それは社会的総生産物から補填しなければならない空費に属する。それは社会が創造した富の浪費である」とか、「余剰の吸収形態」であるといった論調もある。[19]

このように広告に関しては以前から今日に至るまで、多くの批判が存在している。[20]広告に関する批判について、久保村隆祐は次の5点に整理している。①広告費支出は過多である、②無用に競争的であり非生産的である、③競争を制限する、④価格を引き上げる、⑤虚偽誇大であって商品の価値をかえって低くすることがある、と。[21]

こうした議論についてはもちろん賛否両論も存在する。広告に対する賛成派に共通して見られる論理は「自由競争社会はつねに無駄を含んでいるものであり、社会がもたらした便益（生活水準）は無駄を償って余りあるものである。ゆえに広告はその便益達成のための手段であるので、自由競争社会では批判されるべき対象ではない」[22]という意見である。

最近の広告手法として、ステルス・マーケティング（アンダーカバー・マーケティングとも呼ばれる）や、バイラル・マーケティング、アストロターフィングといった商業宣伝手法など、モラルの観点から、しばしば消費者団体などの非難や批判を受けることが多くなっているのも事実である。また、プロモーション戦略である人的販売活動にも、非難されるべき側面が見られることもある。つまり販売員活動が消費者にまつわる事案を問題とするとき、店舗・事業所以外で活動する訪問販売員の強引な販売活動、SF商法、マルチ商法など、悪質商法と呼ばれる販売活動なども指摘される。[*23]

このように、広告活動に見られるマーケティング戦略にはこうしたネガティブな側面が潜んでいる。それらを解決することなしに、マーケティング活動、特に広告・宣伝活動に対する虚偽や欺瞞のイメージは払拭されないであろう。

7 チャネル戦略におけるネガティブな側面と問題点

チャネル（channel）とは、商品を流通させる経路のことで、物的流通と商的流通がある。ここで問題としたいことは、小売業の店舗展開に見られる立地政策や流通段階である。今日では巨大メーカーが生産段階で支配力を持ち、流通系列など流通支配に乗り出したり、巨大商社が流通支配に乗り出していることがあげられる。[*24]

流通支配は、自己の取扱商品の販売力強化のため、通常、商業資本の自律性を制約し、系列支配を招きやすい。こうした流通系列化の具体的な行為類型として、西村は次のような類型をあげている。①再販売価格維持行為、②一店一帳合制、③テリトリー制、④専売店制、⑤店会制、⑥系列委託、⑦7払込制、⑧リベート制などである。これらについて、西村の説明に沿って順に説明していこう。[*25]

再販売価格維持とは、ある商品の生産者または供給者が卸業者や小売業者に対して商品の販売価格を指示し、遵守させる行為であり、それは再販売価格維持行為（再販行為）または再販売価格の拘束とも呼ばれている。再販売価格維持は、流通段階での自由で公正な競争を阻害し、正常な価格形成を妨げ、消費者利益を損なうため、資本主義経済をとる国の多くでは、独占禁止法で原則的に違法とされている。例外的に、一部商品については一定の要件の下に再販行為を容認している場合があるが、それを再販制度と称しているようである。

一店一帳合制とはメーカーの系列化政策のひとつであり、小売業者との取引を特定の卸業者からの仕入に限定することである。流通の合理化というメリットがある反面、小売店と卸売業者との取引を不当に拘束するという意味で、独占禁止法に触れる可能性もあるとされている。

テリトリー制とは1地区1販売会社制を指し、メーカーの代理店政策の一形態のことをいう。これには一定地域ごとに独占的販売権を持たせた代理店を設置することで、流通・物流コストを削減し、地域の動向に合わせた販売を行うというメリットがある。また地域密着型のきめ細かい営業活動が可能となるため、家電や自動車メーカー、不動産業界などで積極的に導入されている。営業拠点の合理化によってコストが削減できる一方で、価格維持のためにテリトリー制を推進する場合には独占禁止法に抵触する可能性があるとして、公正取引委員会が指導している。

専売店制とは、メーカーが販売業者と他メーカー品は扱わないという特約店契約を結んで、販売業者に自社製品のみを取り扱わせる制度で、自動車業界、エネルギー業界（ガソリンなど）、家電、新聞などの業界で見られる制度である。メーカーにとっては、競合するメーカーの商品を排除することで、安定した販売市場を確保できるため、流通系列としてはメリットがある。販売店にとっても、アフターサービスや在庫管理などの面で利点がある。

店会制《みせかいせい》というのもメーカーの系列化政策のひとつで、小売業者を「店会」に加入させ、組織化を図ることである。メーカーが個別の小売業者に情報の共有化を図り、メンバーとしての結束を高めることで、メーカー等からの情報発信の場として利用することを目的としている。

委託販売とはメーカーと販売店の間で商品の所有権の移転が行われない取引形態であり、商品や製品の販売を、第三者に委託・代行して販売してもらう販売形態である。商品は移転するが、商品の所有権は移転しないという取引形態ということもできる。

払込制とはメーカーが価格維持を図る目的で流通業者からマージンの全部または一部を徴収し、これを一定期間保管したのちに、当該流通業者に払い戻すことである。取引開始時ではなく、取引終了時に行われることが特徴であるが、当然、原則として違法である。

リベートとはメーカーや卸売業者が流通経路内での協力を得て販売を促進するために、取引業者に対して一定期間に上がってきた売上金を元に支払う割戻金や報奨金のことである。製品の販売後、代金が回収されてから、その金額に応じてメーカーから卸売業者や小売業者、あるいは卸売業者から小売業者へ支払われるものである。このリベートにはいくつか種類があるが、代表的なものとしては、取引業者が扱う自社製品の金額や数に応じて累進的に支払われる累進リベートや、自社製品の専売制の高さに応じた専売度リベート、あるいはメーカーの方針に対してどの程度従っているかに応じたロイヤリティリベートなどがある。ただし、リベート操作による流通経路の支配や強化を急ぐがあまりに、不当な圧力をかけたうえでの取引業者へ支払われるリベートが、不透明な商慣習として問題視されているほか、卸売業者がリベート欲しさに、製品を大量に売ろうとして行き過ぎた安売り競争となり、広い範囲の卸売りや小売業者の利益が減少するといった弊害も起きているため、近年ではリベート制度を廃止するメーカーも増えているようである。

流通の世界にはさまざまな支配と被支配といった主従・隷属の関係が出来上がっており、それも力関係によって系列化されている。

一方、小売店に目を転じると、巨大小売業の代表的なものは百貨店と大手スーパーであり、最近では郊外型巨大モール店が全国いたるところに進出している。それによって、中小零細小売業への圧迫、零細小売業の激しい淘汰が進んでいる。大型店の出店を規制するはずの大規模小売店舗法（大店法）の規制緩和がいちだんと推進され、二〇〇〇年六月には大店法そのものが廃止され、大規模小売店舗立地法（大店立地法）に後退し、大型店の全国支配はさらに促進された。[*26]

こうした大型店の全国支配は、消費者利益にどのように結びつくのだろうか。なるほど、消費者にとって大型店はワン・ストップ・ショッピングを可能とし、豊富な商品の選択が可能となり、かつ便利で有用である。しかし一方では、価格は必ずしも一般小売店や生協に比して安いとはいえないし、商品の安全性にも問題がある。[*27]

具体的に列挙してみると、大量生産、大量販売によるパック商品の氾濫（トレーやビニール袋）によるゴミ公害の一大発生源、大型店の進出と撤退が街並みを破壊する面や、小零細小売店を閉店に追いやることによる消費者の商店選択の自由を損なう面など、さまざまな問題がある。ここ数年、地方の町の商店街はシャッター街と呼ばれて、繁栄を極めた商店街も閉鎖されたままで、地方都市は衰退の一途といった形相を呈している。

こうした実態を見るにつけ、マーケティングによる解決策が見いだせないままであり、法的規制の強化や商的・物的流通政策の解決策を模索するべきではないだろうか。

2 マーケティング論の研究分野と今後の課題

マーケティング論の研究は、マーケティング管理の各機能研究分野の深化とその他の研究分野への拡張という過程でさまざまな特殊理論を築いたり、それらを整序しうる一般理論を構築しようとしてきた。もちろん、両分野の研究に相補作用があることは言うまでもない。

ここではマーケティング研究の各機能分野、その他の研究分野について整理しておこうと思う。

マーケティングの各機能研究別分野としては、製品（product）、価格（price）、広義の販売促進（promotion）、場所・流通経路（place.channel）、そしてマーケティング管理の五分野に大別される。これらの研究成果は膨大であり、通常、Product、Price、Promotion、Place はマーケティングの「４Ｐ」と称される。

製品の研究分野には、製品開発（新製品開発）、製品改良、新用途開拓、新製品市場導入、製品ミックス、製品のライフサイクル、製品廃棄）の問題群があり、近年では、有形製品の基本属性であるブランドやデザインの研究も盛んに行われるようになっている。

価格の研究分野には、価格設定、価格管理、価格関与、価格判断基準、品質との関係などの問題がある。価格に関しては、他の３Ｐの問題と結合して考察されることが普通であるが、独立した研究はさほど多くないのが実態のようである。

流通経路の研究分野には、製品の所有権移転経路であるマーケティング・チャネル、製品の物理的移転経路である物流、店舗立地などの問題がある。この中で近年、商流と物流はその役割が高まるにつれて、別々に研究されるようになってきている。マーケティング・チャネルには、さらにチャネル構造設計、チャネル管理、流通構造の解明と結びつく問題などがある。物流ないしロジスティックスは、交通論や経営工学でも研究されているが、マーケティング・ロジスティックス、ロジスティックス情報システム、配送センターの数と立地、輸送費極小化配送ルートなどの問題もある。

広義の販売促進の研究分野には、人的販売・販売員活動、広告、セールス・プロモーション、パブリシティといった問題がある。人的販売・販売員活動には、さらに販売地域計画、販売員巡回、販売員報酬などの問題もある。

広告には、広告効果測定、広告媒体、広告表現、広告心理、マーケティング・コミュニケーション、広告の産業組織的・経済的影響に結びつく問題があげられる。セールス・プロモーションには、その分析視点から、ブランドの売上増加期待、消費者セグメント、セールス・プロモーション手段間の相違、商品間の相違などの問題もある。パブリシティについては、メディア・リレーションズ、マーケティング・パブリックリレーションズといった広い領域での研究が進んでいる。

マーケティング管理の研究分野には、マーケティング・ミックス形成（4Pの全体最適化または満足化）の管理的意思決定、管理的意思決定の枠組となるマーケティング戦略（機能レベル）、マーケティング計画、マーケティング組織、マーケティング統制などの諸問題がある。

その他の研究分野としては、少なくとも次にあげるようなその他の研究分野へと拡張し、その特殊理論の内容を一層豊かなものにすると同時に、一般理論構築の視座の広がりを要求している。例えば、買い手行動、国際マーケティング、商業のマーケティング、サービス・マーケティング、あるいはサービス業のマーケティング、トータルプロダクト・マーケティング、戦略的マーケティング、社会的マーケティング、リレーションシップ・マーケティング、グリーン・マーケティング、eマーケティング、マーケティング情報管理、マーケティング分析など、多種多様の研究分野が広がりをみせている。

このように、マーケティングの研究領域分野は、時代の変遷にともなって多種多様の問題詳と重なりながら膨大な領域となっている。おそらく今後、こうしたマーケティングの研究は細分化されてより深化していくものと思われる。[*28]

また、さらに敷衍しておくべき研究分野として、「不況下におけるマーケティング戦略（の無力化）」あるいは「景気循環に見るマーケティング研究の時系列分析」など、経済学との緊密化した研究分野が望まれよう。

長年、デフレスパイラルの経済状況下にあって、企業の売上高減少によるリストラが横行している。それにともなう雇用不安やホームレスの急増、生活不安など枚挙に暇がない。そういう状況下で、マーケティング学者およびマーケティングに関わっている人たちの戦略的、具体的な声は聞かれない。経済学がこうした不況期に具体的な処方箋を見出せない現実に「経済学は死んだのか」とか「アンチ・エコノミック」といった経済学に対する不満・不信論調が叫ばれている。現代は従来の枠組では解決しえない多くの錯綜した「絡み」が存在し、新たな分析装置を有しない経済学自体、解きほぐす術を失っている状況ではないだろうか。マーケティングという学問が経済学と密接な関連を持つものであっても、相互互換的な交流が乏しいため、それぞれが独自のシガラミに閉じ込められているのが現状であろう。市場を問題にする対象は同じでも、経済学とマーケティングとの関係性を論じるものは少ない。

したがって、マーケティング戦略が不況期下においてどうあるべきか。市場開発や製品開発、企画、流通、販完促進戦略など、企業経営の急先鋒に立つはずのマーケティング戦略は、不況期下にいかなる効果を発揮しえるかといった処方箋が必要であろう。

また最後に指摘しておきたいのが、「マーケティング倫理」の確立と啓蒙教育である。やっと緒についたばかりの、ＡＭＡでのマーケティング倫理の提唱など、看過できない研究成果が求められていることも指摘しておきたい。

3 本章を終えるにあたって

現代社会では消費主義が謳歌している。社会倫理は、遊びと楽しみを追い求める快楽主義の倫理、消費中心主義の倫理にとって代わられた。[*29] ダニエル・ベルが指摘したように、「こうした快楽主義の時代はマーケティングの時代である」[*30] といわれる。

このマーケティングの時代には多くのさまざまな問題が派生し、従来型の思考では処理できない問題群が横たわっている。然るがゆえに、負のマーケティングを展開することも必要である。言葉をかえていえば、伝統的マーケティングの基本にある前提や仮定が問われなければならない時代であるともいえる。石井は「われわれが信じてきた伝統的マーケティングの考え方やそこから得られる指針が決して安定した岩盤の上に築き上げられたものではなく、少しでも立ち止まって疑えば動きが止まり倒れてしまう不安定な独楽のようなものだ」として、伝統的マーケティングの考え方の「神話的性格」を明らかにしている。[*31]

また、アラン・ダーニングは *How Much Is Enough?*『どれだけ消費すれば満足なのか』という示唆に富んだ書物の中で、消費が人間の欲望を満たし、物質的に豊かになることが幸せであるという価値基準が支配している限り、次世代に健全な地球環境を受け継がせることができなくなると指摘し、「消費と経済」「消費と地球環境」「消費と文化」に現れる諸事象について、データを駆使しながら哲学的な議論を展開している。[*32]

後述するように、フランスの経済学者セルジュ・ラトゥーシュは「経済成長を追い求める消費社会において、持続的経済成長を人間に定着させる手立ては、メンバーを消費中毒にかからせることである。成長への薬物依存症に罹患させることである。際限のない生産―再生産可能なものも不可能なものも含めた資源の無際限の採取、際限のない欲求の生産―不必要な製品の無際限の生産、そして際限のない廃棄物の生産―ゴミ屑と汚染（大気、大地、水）の無際限の放出」などに警鐘を鳴らし、挑発的な撞着語法を用いて「豊かな社会の欺瞞」から「簡素な豊かさ」を提唱している。

現世は「神や理性、道徳、理念など、あらゆる超感性的な価値が崩壊するような思考空間が歴史の戸口に来ている」とはニーチェのニヒリズム宣言であるが、人は、意味の外、法の外、意識の外、人称の外、同一性の外に連れ出されてしまいがちである。流れを止めることは誰にもできないが、ただ問うことはできる。問いを吟味しつつ議論を積み重ねることで、ある答えを見いだすことは可能であろう。

＊注

1　保田芳昭編『マーケティング論』〔第二版〕大月書店、一九九九年、二二頁。現に、そうした危惧も叫ばれている。近年、企業のあり方をめぐっては、CSR「企業の社会的責任」という概念が提唱されている。いわゆる、トリプルボトルライン「企業の業績評価の考え方で、経済的側面だけでなく環境的側面、社会的側面を含めた三つのボトムライン」で企業価値を評価するという考え方である。（「環境・ＣＳＲ経営」東洋経済、臨時増刊、二〇〇四年、九月八日号）

2 Galbraith, J.K., *The Affluent Society* （4th ed.), Houghton Mifflin, 1958 ; 1984. 鈴木哲太郎訳『豊かな社会』岩波書店、一九九〇年。

3 Pachard. V., *The Waste Markers*, David Mckay, 1960. 南博・石川弘義訳『浪費を作りだす人々』ダイヤモンド社、一九六一年。

4 間々田孝夫『消費社会論』有斐閣、二〇〇〇年、三八頁。

5 大門一樹『盗奪の論理—消費者支配のメカニズムと欺瞞体系への闘争』サイマル出版会、一九七〇年。

6 間々田、前掲著、四二頁。

7 Alan Thein Durning '*How Much Enough?*, W.W.Norton & Company, New York, U.S.A. 山藤泰訳『どれだけ消費すれば満足なのか—消費社会と地球の未来』ダイヤモンド社、一九九六年。

8 小島三郎編著『現代経営学辞典』税務経理協会、一九七八年。

9 保田、前掲書、二〇二頁。

10 Ｗｉｎｄｏｗｓは、Ｗｉｎ３・１、Ｗｉｎ９５・９８、Ｍｅ、２０００、そして最新のＸＰ、Ｗｉｎｄｏｗｓ７・８へとバージョンアップを繰り返している。そのたびに機能を向上させ、買い換え需要を促進している。インテルの高速なＣＰＵも、その戦略には賛否両論があるが、バージョンアップ以前に比べれば今の方が格段に便利なのも事実であろう。しかし、買い換え需要を喚起しているのがバージョンアップ戦略でもある。こうした猛スピードでの計画的陳腐化戦略が功を奏して、ＩＴ業界の目覚ましい進歩と膨大な売上が実現されたことは否めない。最近の携帯電話からiphoneやsmart phoneへの技術革新による買い換え促進なども好例だろう。

11 ライベンシュタインの「バンドワゴン効果」、「スノッブ効果」および「ヴェブレン効果」をみよ。H. Leibenstein, "Bandwagon, Snob and Veblen effect in the Theory of Consumer's Demand", *The Quarterly Jour-*

nal of Economics, May 1950, pp.190～199. 折笠和文「現代生活と消費者」、熊田喜三男編『現代生活と経済学』泉文堂、一九九〇年所収、第2章、二七～五二頁。

12 保田、前掲書、二〇三頁。

13 「成長経済を支えた計画的陳腐化戦略とその将来性」一九九八年六月一七日、Japan Business News：JNEWS.

14 詳しくは保田、前掲書、二〇三～二〇七頁をみよ。

15 上田隆穂著『マーケティング価格戦略－価格決定と消費者心理』有斐閣、一九九九年。

16 同上。

17 小川純生『マーケティング』中央経済社、一九九四年、一四三～一四四頁。

18 保田、前掲書、二〇八頁。

19 保田、前掲書、一六九頁および二〇七頁。

20 C.E.Warne, "Advertising-Critics View", in R.J.Lavidge and R.J.Holloway（eds.）, *Marketing and Society*, Irwin, 1969, pp.111～119をみよ。

21 久保村隆祐『改訂 マーケティング管理』千倉書房、一九七六年、二三一～二三五頁。

22 J.Backman, "Is Advertising Wastefull?", in Lavidge & Holloway, *op cit.*, pp.100～111. および保田、前掲書、一七〇頁。

23 保田、前掲書、二〇八頁。

24 小川、前掲書、二一〇頁。

25 西村多嘉子『現代日本の消費者と流通』法律文化社、一九九〇年、第Ⅲ章。

26 保田、前掲書、二一一頁。

27 同上。

28 マーケティング研究情報部会編『マーケティング情報科学読本』同友館、二〇〇二年、二一八～二三〇頁による。

29 快楽主義および快楽消費の研究として、堀内圭子『快楽消費の追究』白桃書房、二〇〇一年は、従来からの消費者行動研究領域において看過されてきた「快楽消費の研究」を徹底的に考察した興味ある文献である。

30 ダニエル・ベル『資本主義の文化的矛盾（上）』林雄二郎訳、講談社学術文庫、一九七六年、一六三頁。

31 石井淳蔵『マーケティングの神話』日本経済新聞社、一九九三年、八頁。

32 Durning, *op.cit.*

第2章 アンチ・マーケティング論

前章では、ネガティブなマーケティングを考察してきた。本章ではさらに、マーケティングという世界観を垣間見るために、マーケティングの主流から距離をおいて眺め、ネガティブよりもやや強調した表現として、アンチ（anti：反対、対抗、排斥）といった意味を表す「反（anti）マーケティング論」（マーケティングの批判的強調性や不完全性・欠陥などの立場から）を展開することにしたい。それがマーケティングの本質を見るためにも、その二面性や多義性が明らかになるのではないかと考える。

こうしたマーケティングが持つ性質の二面性を批判的側面から論じることはある種のタブーとされてきた感があった。しかし現実には多くの問題や批判のあることも事実なのである。そうした事実は、国内の研究者だけでなく（補筆参照）、第7章で紹介しているように、欧米の学者間でも数多く論じられている。

1 マーケティングの持つ性質—反証可能性

「アンチ・マーケティング論」というタイトルはいささか唐突すぎる感じがあるが、正確には「不完全性」、「欠陥」といった意味を持つ。マーケティングは、経済学や経営学、法学などと同じ社会科学である。社会科学とは、人間社会の現象を認識する知的営みであって経験科学である。しかし、マーケティングという分野は特殊な領域で、マーケティング学と称する書物がほとんど皆無に近い。経済学者の間でも、マーケティングという学問はわかりにくいとの評もあるほどである。肥田日出生によれば、「直接の原因は、いわゆるリベラルアーツ（教養）的な部分が欠落していることからきているように思われる」とし、「それは戦後の貧しい日本を、アメリカのようにしたいという貧民的切望を主動因としてマーケティングが導入され、企業は、それでもってビジネスチャンスをものにすることにかかりきりであった」[*1]ことを思えば、わが国でのマーケティングの知識導入は、経済的に恵まれない状況の中で行われてきた。

およそ社会科学には、社会に共通する常識と良識といったコモンセンスがあると思うが、マーケティングの持つ性質には自己の、あるいは組織の利益追求にのみに走る傾向があり、常識と良識の仮面を被った性質、さらには表と裏の二面性があるように思われる。

マーケティングという学問は、面白い分野であって、研究者の間でも批判的な側面が取り沙汰されることはあるが、不毛に帰してしまう場合が多い。あらゆる学問には正統派（主流派）と非正統派（非主流派）がおり、それぞれの論点を批判しあいながら進歩発展があるはずなのに、マーケティングにはそれがほとんど皆無に近い。マーケティングを批判するのは非生産的だとして、そうした問題に触れてこなかった。その意味で、ここではマーケティンの持つ性質―二面性に反証可能なかぎりアプローチしたいと考えている。

▼2▲ コンシューマリズム前夜と現代的課題

企業主導のマーケティングは、市場需要を識別し、その必要に沿って製品開発を行い、製品を市場に供給する過程であり、消費者の生活水準を高めるために、有限の資源を最適に利用・促進する機能を持つものといえる。しかし、企業は消費者の必要充足という名のもとに、消費者に対する操縦性を高め、売上や利益拡大のために無差別な需要創造に向かい、むしろ収奪の傾向を強くし、また企業の供給活動に消費者の利益を損なう要素がともなう場合さえ見られる。*2

企業は、大量需要の開発のために、製品差別化と広告に莫大な投資を行ってきた。製品の差別化では、新技術による製品の基本機能を改善するよりも、販売促進のための手がかりとしての特異性の創造に重点がおかれ、消費者の再購買を加速するために繰り返し製品差別化の修正が行われてきた。またこの製品差別化の強化と併行して、利潤率を高めるための安全性や、信頼性、耐久性を犠牲にし、徹底的なコスト削減を促進してきた。[*3] こうした多くの例は、今日の企業不祥事や、製品ライフサイクルの短縮化を見れば明らかであろう。

一方、広告は市場に選択や消費に必要な製品情報や価格情報を報知し、消費者の計画的購買を援助する機能を持つことができたはずだが、実際には選択に必要な情報を供給しようとせず、製品特徴を変えただけの新製品の導入や、消費者の購買決定を促進するための単純なスローガンの繰り返しに巨大な投資が行われてきた。消費者は同じことを繰り返し聞いたり、見たりすることを余儀なくされ、商品選択のための自由な思考は制限されてきた。さらにこのような広告は消費者の注目を製品欠陥からそらす役割さえ果たしてきたともいえる。また、市場への大量供給と再購買の加速化は、大量の使用済み製品を出し、新技術による環境汚染の創出とともに、消費者の生活環境を破壊に導く傾向さえ現れている。[*4]

驚くべきことに以上の内容は、昭和四〇年以前に問題とされたものであるが、現代にも往々にして語られるマーケティングの発想ではないだろうか。やがて、昭和四〇年代に入ると、消費者を犠牲にして企業の利益や売上の拡大を重視する企業行動に対し、消費者運動ないし、コンシューマリズムと呼ばれる消費者の組織的抵抗が展開し始めた。コンシューマリズムは、企業の行動と消費者が真に必要とすることとの隔たりや、企業と消費者間の情報伝達の不足から生まれたもので、企業に対する消費者の組織的抵抗であり、企業に法律的、道義的、経済的圧力を加えることによって、消費者を保護し、売り手に対して買い手の権利や力を行使しようとする社会的勢力でもあった。[*5]

コンシューマリズムの原動力となったのは、教育水準の向上により、消費者が製品の識別能力を持つようになったこと、所得水準の向上とともに、消費者が物的な豊富さだけでなく、生活の質の向上を要求することになったことがあげられる。一方、このような消費者の姿勢の変化にもかかわらず、技術の急速な進歩により、製品内容が複雑になり、消費者による製品の識別が困難になったこと、消費者が彼らに不利益をもたらす政策の修正を要求するための知識、技術、意思を持つようになったことなど、消費者側の事情の変化もコンシューマリズムの主な原動力となったといわれる。具体的な消費者抵抗は、製品の信頼性、安全性、差別化、大量の反復広告、包装、信用販売などに対する非難、企業による環境汚染に対する責任追及となって現れた。[*6]

畢竟、今日においてもコンシューマリズムの目標とする、マーケティングに対する基本的性格の変革を進めていかなければならない。そのために、企業のマーケティング機構を社会システムの構成部分として認識し、マーケティングとその外延を超える、消費者と一般大衆を含む関係をひとつのシステムとして認識しようとする考え方も現れている。つまり、消費者や一般大衆の存在が企業によって正当に評価され、企業のマーケティング活動が消費者の本来の目標とその社会への影響の面から制御されるような取り組みである。そうすることで、企業による消費者操縦ないし消費者収奪に対する消費者の組織的抵抗と、マーケティング活動の社会的影響に対する一般大衆の抵抗や政府による規制の強化などによって、企業のマーケティング問題解決機構の基盤を社会全般に拡大することになるのではないだろうか。[*7] そのためには、ネオ・コンシューマリズムの復権を唱導したい。

以上のように、コンシューマリズムの再考と高揚は、企業のマーケティング活動にある種の歯止め効果を及ぼす期待効果があったといえる。こうしたマーケティングシステムを社会システムの構成部分として認識し、あらゆる角度からマーケティングを再考しようとする試みが、次に紹介する「複眼的マーケティングシステム」である。そこではマーケティングを複眼的（歴史的、社会的・経済的、文化的、個人的生活レベル、消費者、生産者、中間商人との関係性など）に鳥瞰することによって、マーケティングおよびその活動の影響力を観察するものである。

3 マーケティングシステムの批判・論争そして問題点

ウィルキィ［William L.Wilkie］とムーア［Elizabeth S. Moore］は、"Marketing's Contribution to Society"「マーケティングの社会的貢献」という論文の中で、'Criticisms and Problems of the Aggregate Marketing System'（複眼的マーケティングシステムの批判と問題点）を取り上げ、マーケティングに対する批判、論争、問題点等を指摘している。[*8] その事象系列を以下の四つに分類し、それぞれの事象系列の中で生じる問題点や批判等をまとめている。[*9] 本節ではそれらを参考にしながら論述を進めたい。

1 マーケティングの社会経済に及ぼす批判的視点

ウィルキーとムーアによる論点をかいつまんでみると、マーケティングは物質主義を助長させ、社会的な競争原理を生み、ねたみを増幅し、さらなる貧困化を招来するのではないかという議論を展開している。物質主義とは、物質的・即物的なものをすべてに優先させる態度のことで、経済的なこと、すなわち衣食住全般にわたって「財貨」や「金銭」、「物品」の獲得、所有、使用することをいう。それらを否定的に捉えて、マーケティングは文化的価値に影響を及ぼし、やがては知らない間に浪費癖や浪費する体質を助長し、そうしたことを繰り返すようになると、精神的、道義的、豊かな人間関係といった社会生活を営めなくする要因が潜んでいるのではないかといった論調である。

しかも、人為的なニーズやウォンツの仕掛けを作り出し、消費者はそれに踊らされ、マーケターの巧妙なケースに乗せられたり、さらには文化的な拡張主義としての文化的衝突、あるいは自然枯渇など、地球規模的な環境汚染の警告と警鐘をもたらしているのではないだろうか。そうした蔓延しつつある商業主義的体質が、直接的に良い意味での社会目的に向かうのではなく、自己の利益のみの道具に堕しているのではないだろうかといった批判である。

広告についても、かつて古典的な社会経済論争でも、広告費は膨大にかかるもので、無駄ではないのかという論争があった。広告には数多くのトリックがあるが、あまりにも趣向を凝らし過ぎていて、メディアで配信する場合、道徳的といえるのか、あるいはサブリミナル広告の真偽はどうなのか、高額ブランド品に見られるような価格は品質に見合っているのか、製品廃棄物等の処理は考えているのか、といったさまざまな問題が指摘されている。[*10]

2 消費者行動の視点からのマーケティング批判

消費者行動の問題については、歴史的にも消費者の権利宣言として、消費者基本法やPL法があるように、製品の安全性、知るべき権利、選択する権利、納得・説明して十分に聞く権利といった、消費者の視点に立ったマーケティング活動が行われているのかという問題点がある。こうした消費者行動については、歴史的にも多くの問題点が指摘されてきたし、現在でもそうした問題の継続的論議がなされている。[*11]

特に、食料品や薬品の安全性については、過去に多くの論議がなされ、食品加工処理の安全性など、消費者運動を支え続けた基本的信念は、システム内に存在する経済的不完全性、価格に影響を与えるもの、消費者からの苦情や広告の社会的影響など、現在にいたるまで続いている。[*12]

消費者の知識不足をいいことに、売らんがための戦略は枚挙に暇がない。ひところ「食べてはいけない食品シリーズ」[*13]が刊行されたことがあったが、食の安全性についての効果のない取締りなど、多くの解決されない法的、経済的欠陥や倫理的問題が潜んでいるのが現実である。

さらに、いくつかの継続的論争点もある。それは、危険な製品や健康に害を及ぼす製品（例えばタバコなど）[*14]や、傷つきやすいグループ（例えば子供や年老いた人々）、商業中心地への浸透で生じる諸問題、プライバシーの侵害、データベース利用上の制限、マーケティング調査としての販売法や価格差別による搾取など、解決しえない問題群が横たわっている。[*15]

3▼マーケティング実務上の批判と問題点

広告内容についても、マーケティング実務家の押し付けがましさや広告による説得の限界、広告テーマや製作、コピー、それに広告承認の過程など、広告についてもさまざまな意見や問題が指摘されている。[*16]

広告は商品・サービスに対して売れるための司令塔の役割を果たすが、環境問題に関しては自然資源の枯渇、エコロジーへの脅威などに対する認識が希薄であると思わざるを得ない。再利用と処分についても今や社会問題となっているが、再利用や処分することにしても、原油エネルギー消費コストの問題がある。[*17] ５Ｒや７Ｒなどの再利用の方法もあるが、お題目に終わっている感がないでもない。製品の安全性についても、危険な商品、製品の欠陥と責任、あるいは取締りの認可プロセスなど、解決すべき問題が山積している。信頼性向上のために、ＰＬ法など企業のより強力な倫理的行動を推進すべき時期に来ている。

マーケティングは企業側に立つ論理であって、消費者側に立ったマーケティングの確立、あるいは文化的・社会的悪影響を除去する対策こそ、今求められるアプローチではないだろうか。そのためには、共同行為作用として、法人組織の倫理的な問題や消費者事件部局の役割、ビジネス行為を評価するための基準作成、産業自己規制などを盛り込むべき要件も当然、必要になってくると考えられる。掛け声だけに終わらず、ＣＳＲなど企業の倫理的な社会的責任が問われている。

4▼市場活動における取引行為や態度から見た問題点

市場活動において、マーケティング部門が問題となるケース、いわゆる詐欺的な広告や高圧的な販売テクニック、劣った製品とサービス、えさ仕掛け、正当な価格づけの疑わしいケース、略奪を目的とするような価格づけ、特権乱用（商業上の利権乱用）、国際間の賄賂や闇取引に近い市場財、偽造品（模造品）、インターネット上の詐欺行為などが上げられる。[*18]

また、消費者側において指摘される、消費者の認知不足による製品・サービス購入上の判断・決断、消費者の詐欺行為（例えば、万引き、クレジット乱用）、破産、製造物責任（ばかげた訴訟）、脅迫めいた消費行為などが指摘される。政府部門においては、怠慢からの過ちや職権からの過ちなども指摘される。[*19]

以上、マーケティングシステム上の問題点およびその不完全性や欠陥については、かなり広範な問題群が横たわっているので、それらを整理し、マーケティングで扱うべき範囲に限定して解決しなければならないだろう。

▼4▲ マーケティングの目的と方法に関する問題

そもそもマーケティングの目的、つまりマーケティングは何のために行われるのだろうか。こうした基本的な問いにはいろいろな考え方があるが、代表する説を見ていくことにしたい。[*20]

「消費者満足説」（H．L．ハンセンなど）によると、消費者のニーズやウォンツに応え、かれらの欲求を満たすことが目的だとする説である。これは消費者の満足だけを対象にしており、企業の利潤目的を無視している点で非現実的である。企業は利潤追求が第一目的であり、利潤が得られることによって、消費者に高い満足を提供することができる。しかし、消費者に力点をおくか、企業側に力点をおくかの位相はあるが、いずれにしてもマーケティングは双方の利益に適うものでありながら、強弱の論理が潜んでいることも否定できない。

「企業と消費者の利益調和説」（コトラーなど）によれば、企業が利潤を得て、かつ消費者を満足させるとし、両者の利益の両立を説くものである。現実には両立することは難しい。なぜなら、供給者の論理と需要者の論理との関係は、市場において製品・サービスでの取引行為であるから、どちらを優先するかといえば、企業の利潤であるし、利潤を増やすための駆け引き行為であるからである。これもまた、強弱の論理と優劣の論理が働いていると考えることもできる。

また、「市場の獲得・支配説」（森下二次也など）によると、独占資本の市場獲得・支配が目的だとする説である。これは、利潤目的は当然の前提としている考え方であるが、市場獲得・支配に走って、いわばマーケット・シェアの拡大を目的とすると解されてはならない。換言すれば、最大利潤を現実的に獲得することが企業の、マーケティングの基本目的であって、そのために市場に働きかけ、市場を獲得し、支配することが基本目的達成の有力な手段となりうると解釈する、というのが「市場の獲得・支配説」である。しかし、資本主義の論理からすれば至極当然の帰結なのであろうが、マーケティングの目的そのものが殺伐とした搾取論を彷彿とさせる。

以上をまとめて一般的な解釈によると、マーケティングの目的とは「企業は消費者のニーズとウォンツに応え、顧客満足を前提としながら、最大利潤を享受できるよう努力することである」とするが、マーケティングは市場を企業側の論理から見る視点のみならず、消費者側から見る視点をも加味・重視しなければならない。つまり、マーケティングの目的とは「顧客満足を通して生活を豊かにし、企業の成長にバランスさせて、どのような社会的責任と貢献を行い、有限資源の最適利用および最適処理の循環をいかに図り、道義的・倫理的な社会行動と規範を構築していくかにある」といえる。

先に、ウィルキィとムーアが指摘したように、マーケティングはあらゆる角度からのアプローチが必要であり、複眼的マーケティングの必要性が声高に叫ばれるべきである。企業側の論理に立ったマーケティングはさまざまな消費者サイドに、あるいは社会的文化的に及ぼす悪影響をも考えなければならないはずである。

昨今の商品開発競争がかまびすしいのはご存知のとおりである。特に、ビールや発抱酒、焼酎やウィスキー、ワイン、それにウオッカ、ジンなどをベースにしたカクテル類も含めると、どのくらいの種類の缶やビンが発売され消費されているのか気の遠くなるような話である。次から次へと登場し、そしてどんどん消えていく。お酒に限らず、多くの車種や新刊書、その他の商品もそうであろう。商品の命はコンセプト作りにあるといわれているが、安易な新商品の発売は、かえって消費者の選択肢を狭め、多すぎることによって欲しい商品が見えにくくなるのも事実である。*21

では次に、マーケティングはどのような手法で展開されるのだろうか。それには、マーケティング・コンセプトといわれる側面と、マーケティング技法といった側面が考えられる。最近のマーケティング戦略は、後者の「マーケティングの技法的側面」が強調されるきらいがある。

周知のように、マーケティング・コンセプト（marketing concept）とは、マーケティングの理念であり哲学である。理念とは思考方法・考え方であるが、具体的にいえば、「現実に対する規範ではなく、実在の現象を測定し、比較し、またその文化的意義を明らかにするための手段」ということである。マーケティング・コンセプトの考え方は、「企業を取り巻く社会状況の変化に応じて、企業がマーケティング戦略としての取るべき立場や企業の社会的責任、社会福祉を強調したり、環境との調和を謳ったりして、マーケティングそのものの変容を提示したりする、いわば「イデオロギー的性格を持つ」[*22]ものといえる。

もうひとつは、マーケティングの技法的側面である。これはマーケティング・リサーチおよび4Pに代表される。4Pとは既述したように、E. J. マッカーシーがマーケティングの諸活動を集約した表現であり、製品（Product）、価格（Price）、プロモーション（Promotion）、流通チャネル（Place）を指す。[*23]

製品（戦略）は、新製品開発、既存製品の改良、品質、デザイン、スタイル、包装、ブランドなどを扱う戦略展開である。いわば、価値システム創造の「価値形成」活動といってもいい。[*24]価値形成活動によって価値物（製品・サービス）が出来上がると、それに対する価値づけ、つまり「価値表示」が必要になる。[*25]それが価格（戦略）である。価格設定や独占価格、種々の割引政策、リベートなどを含む。価値物の形成と表示がすむと、それを市場に受容されるべく、顧客にプロモートしていくための「価値伝達」

の仕組みが必要となる。[*26] それがプロモーション（戦略）である。広告・宣伝活動、セールス・プロモーション、パブリシティ、販売員および狭義の販売促進（展示会、実演、特売、店内改装、陳列）などの範疇を扱う。価値システム創造の最後の作業は、価値物を市場に入れ込んでいく「価値実現」の仕組みづくりである。[*27] それがいわゆる、流通チャネル（戦略）であり、場所が重要ということで場所（Place）になっているが、販売経路、流通系列化、直営販売網の構築、営業所、店舗などの立地、運輸・保管などを扱うものである。

これら4Pは、それぞれ独自に展開されるが、現代のマーケティングではそれらの相互作用の関係を重視し、最適な組み合わせ（マーケティング・ミックス）を図り、標的市場に適合的なマーケティング戦略をとることが多い。[*28] いずれにしても、今後のマーケティング活動の重要な点として、企業活動の盛衰の鍵を握るのは、社会の正義や価値に合致するか否かであろう。

顧みると、高度経済成長が終焉する一九七〇年代初頭以降、成長のツケとしての公害や生態系破壊に対する各種規制と対策、消費者被害（コンシューマリズム）や権利侵害に対する消費者相談窓口やオンブズマン制度導入などがマーケティングのテーマとして今なお顕在化している。[*29] また、九〇年代には企業の社会対応への一環として、メセナやフィランソロピーを通じて長期的に社会から受容される企業づくりや、エコ・マーケティング、グリーン・マーケティングを含めたソーシャル・マーケティングが地球規模で検討される時代となった。近年の社会対応の基本問題は、企業の成長にバランスさせながら、どのような社会的責任と貢献を行うかが大きなテーマとなっている。[*30]

〈企業の社会的責任〉

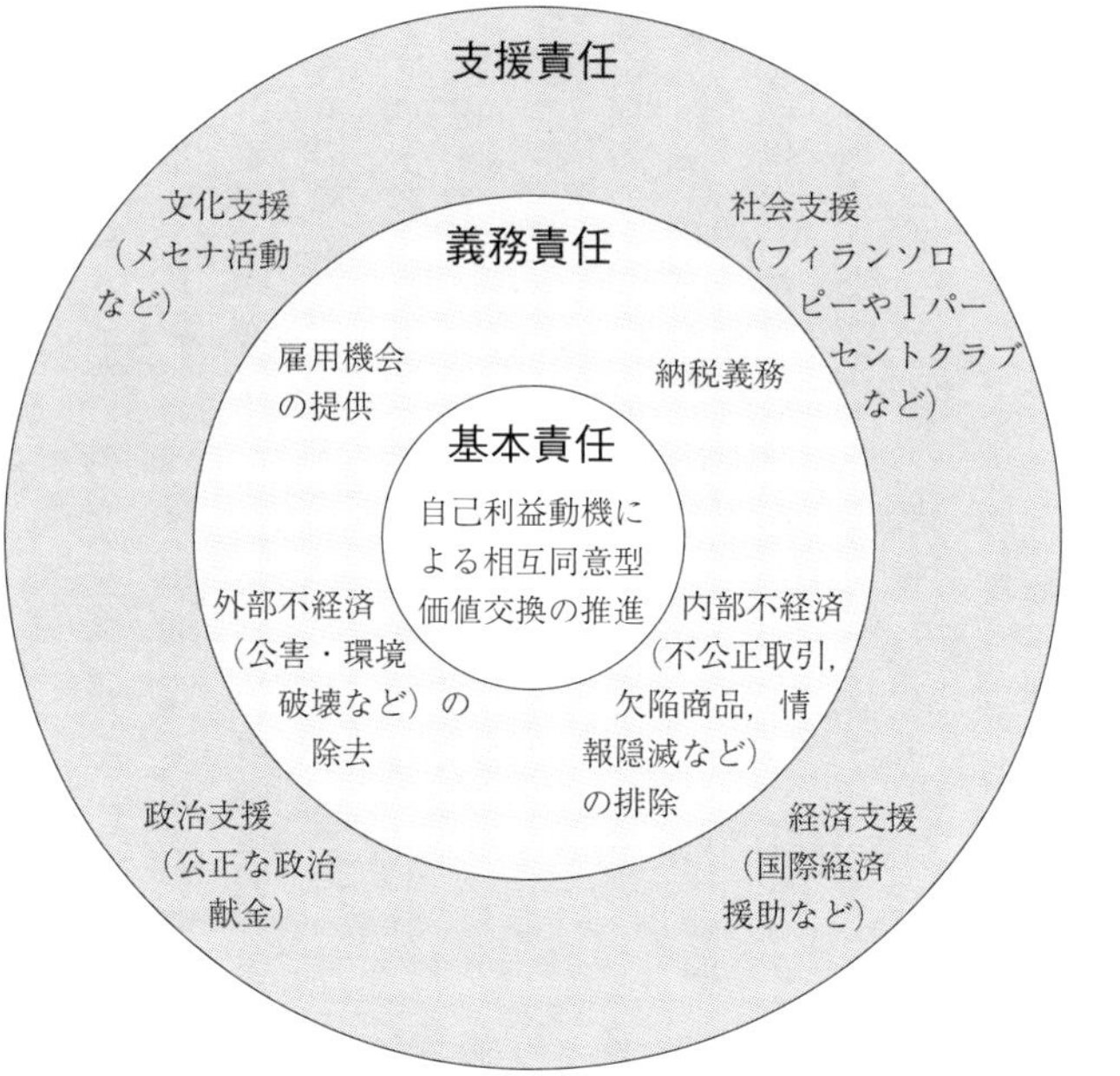

(a) 基本責任

当事者双方の自由意志による自己利益追求を基礎にした相互同意型の交換の推進

(b) 義務責任

ステップ①：最低限の義務としての倫理コード（code of conduct）の厳守

ステップ②：疑いの可能性のあるグレーゾーンに対してデ・マーケティング（demarketing）の対応（cf.「不為の哲学」）

ステップ③：潜在的社会不満に対しては価値創造型マーケティングで対応

ステップ④：不当な社会圧力に対する法廷闘争

(c) 支援責任

「企業市民」「美しい企業」として企業家精神を活かしながら，長期的な存続基盤投資として対応

原則：①一貫性，②継続性，③社会的必要性

方法：①物財型支援：資金・施設・人材等，②ノウハウ・技術型支援：ソーシャル・マーケティング

出所：嶋口充輝『マーケティングパラダイム』有斐閣，2000年，p.30.

そのテーマに関して、嶋口は「企業の社会的存在理由に照らして、まず買い手の求める以上の価値を提供する支援の促進を軸とする「基本責任」を確認し、そのうえで、そこから生まれる不経済性を除去して、納税や雇用拡大に貢献する「義務責任」を果たし、さらに余裕のなかで多様な「支援責任」を遂行するというバランス感覚が望まれる」としている。[*31] 敷衍するならば、外部不経済（公害、環境破壊など）を除去する件については、社会的害悪に及ぼす影響力のあるモノ、例えば、教育上・倫理上好ましくないモノ、老若男女への悪影響を及ぼすモノなども加えるべきであろう。提供する企業側も買い手の求める以上の価値を提供する倫理的・道徳的な基本責任を持つべきである。

前ページの図は、特に企業の社会的責任を論じたものであるが、マーケティングの戦略展開にとっては必要不可欠な目指すべき内容を包含しているといえる。

▼5▲ マーケティングの二面性とコンパートメント化

マーケティングは、「金儲けの手段である」とか「利益を上げる方法である」、あるいは「売れる仕組みづくりを考える」といった認識は大学教育もさることながら、後述するように、マーケターによる思考様式にも原因があるように考えられる。それは、あまりにもマーケティングの技法的側面が強調されるからである。絶え間なく新商品を開発したり、頻繁なモデルチェンジや計画的陳腐化など、常に消費者の懐狙いの研究に没頭している面がある。マーケティングが一種の崇高な科学とするためには、一面のみを強調するのではなく、理念・哲学、そして倫理をもっと前面に強調することも必要なことであろう。

マーケティングは、サイエンス（science：科学）かアート（art：技法）かなどといった二分法の論理で語られ、長らく論争があった。経営学においても然りで、結論からいうと、サイエンスの面もアートの面も色濃く投影される学問であるということである。しかし、サイエンスとしてのマーケティングが、現時点でナリを潜めていることが残念でならない。科学に昇華すべき努力が必要であろう。推薦図書として次の文献をあげておきたい。堀田一善著『マーケティング研究の方法論』（中央経済社、一九九一年）、および堀田一善著『マーケティング思想史』（中央経済社、二〇〇六年）である。

すでに述べたように、マーケティングは体系的な対市場活動であり、売れる仕組みづくりをその手法とするのが一般的解釈である。製品、価格、広告、チャネルなどの活動によって、市場に働きかける技法的側面を強く持つものである。そのような技法的側面と同時に思想的側面をも持っている。第二次大戦後、アメリカにおけるマーケティングは、マーケティング・コンセプトとして確立した。マーケティング・コンセプトは、ＧＥ（ジェネラルエレクトリック社）などの巨大企業が実践の中から形成した考え方、ないしマーケティング思想の代表である。それは巨大企業の利益を増進させる経営思想、つまり階級的利益に奉仕する経営イデオロギーの一翼を担うものであった。マーケティング・コンセプトは、マーケティングのイデオロギーであり、それゆえにマーケティングは実践的な技法との二面性があるために誤解や批判を受けやすい。後述するように、マーケティングは「権力と知」に彩られた代弁者といってもいいかも知れない。

マーケティング・コンセプトはマーケティング諸技法の実践における思想的・理念的な原理であり、マーケティング実践と堅く結合している。保田は、マーケティング・コンセプトはおよそ次のような三つの意味を持っていると指摘している。

第一は、マーケティングは消費者中心志向あるいは顧客中心志向だといわれる。「消費者は王様である」という倒錯した観念に発し、ビジネス界の中心が消費者あるいは顧客であると欺瞞し、消費者のニーズとウォンツを充足させることがマーケティングの目的だと強調する観念・思想である。これは少数の巨大企業が現代資本主義経済の支配者であり、最大利潤を目的として活動していることを隠蔽するためである、と。これがマーケティング・コンセプトの第1の柱であり、本質的要素と考えられる。この種の観念は、状況に対応して社会福祉や環境保護といった外皮で補強することもある。[*32] マーケティングにはこうした本質があることもマーケティングを学ぶものにとっては必要なことであろう。

第二は、マーケティングの諸活動の統合ともいうべき考え方で、マーケティング・ミックスやマーケティング戦略の効率的市場開拓の原理観ないし市場拡大の論理でなる。

第三は利潤志向である。第一と第三は矛盾するが、むしろ矛盾は問題ではなく、市場や消費者の抵抗を抑え、切り抜けてマーケティングの初期の目的達成にとって有用な観念あるいは社会意識形態であることがマーケティング・イデオロギーにとって重要なのである。こうしたイデオロギーの哲学的基礎は、有用性を真理とする現実主義、現金主義的、行動的観念論であるプラグマティズムにある。[*33]

さらに、マーケティングを実務面から敷衍するとすれば、マーケティングを捩《もじ》って「モーケティング」と揶揄する陰口がある。マーケティング学者や研究者に対して、研究よりも講演やコンサルタントなどをしてしっかり稼ぐ姿を皮肉ったものであろう。マーケティングは実務家に比べて研究者が少なく売れっ子の学者に講演の依頼が集中する。特に最近はヒット商品の研究や新製品開発など、一般受けするテーマを抱えていることもあり人気を集めるようである。マーケティングは実務的で消費者論などと密接に関係があるため、おもしろく、心理的に誘発され興趣がある。ここでマーケティングに対して揶揄される点をいくつか指摘しておきたい。

ひとつは、マーケティングは、実務にかなり近いこともあり、アカデミックではないと見られがちである。何よりもマーケティング学者や研究者にとって、企業内の各種のデータが自由に使えず、制限していることである。企業にすれば、自社商品の販売動向や消費者の評価はデータ収集などに多額の支出をしており、結果は企業機密そのものである。

二つめは、マーケティング実務家にも反省すべき点がある。各種のデータの中で都合のいいものを選びがちなことは否定できない。企業にとっては、マーケティングは最小の投資・最小の費用で最大の売上高・利益を実現するための戦略で、その意味ではモーケティングそのものであろう。

三つめは、各種調査の中でヤミからヤミに消えていく調査があるといわれる。都合の悪い結果が出れば葬り去られる。当面の売上高や利益という目先の利害を優先するために、将来の変化を示唆する貴重な調査が企業内でさえも無視される。マーケティングの実務家が自嘲を込めてモーケティングといったりするのはこうした現実を知っているからでもあろう。[*34]

以上のように、マーケティングはその解釈や方法論、理念と実務、それぞれの立場から多くの相違が存在している。百花繚乱の相を呈していることがわかる。そうした解釈の仕方の相違こそが、マーケティングに関わる業界の構造に由来しているのではないだろうか。業界構造の特質をグループ別にコンパートメント化してみると、以下のようになるのではないだろうか。[*35]

1 マーケティング学者グループ

マーケティング界には多くの学者グループが存在する。彼らはビジネス実務界のマーケティング成功事例を、一年ないし二～三年後にその理論づけや分析を行い、法則性や共通性を探ろうとするが、時代の趨勢に応じて変化を余儀なくされ、その理論化は積み重なるように堆積される。しかしその理論は再び検証されることなく、深い眠りに陥っていく。まさに不可逆性の極みであろう。もちろん、米国のマーケティング理論の後追いという重要な仕事もある。

日本では、マーケティング学者は実際のビジネスとは縁遠く、学者が理論的あるいは実務的にビジネスの成否に関わったという例は少ないのが現状であろう。最近の大学では、マーケティング実務経験や企業内マーケターに絞って教員公募をする例が増えてきているが、大学教育においても彼らはマーケティング実務に精通させようとする傾向が強いのが現状である。いわば、こうしたマーケティング学者グループこそがマーケティング活動における理論・実務あるいは議論の成否を、またマーケティングのあり方を根本的に問う領域に踏み出すべきときではないだろうか。矛盾点は彼らが十分承知しているはずである。

2▼トレンドセッターグループ（時代の先導グループ）

このグループは、カタカナ言葉を連発し、時代のトレンドを作ると自称するグループである。広告代理店業界や一部シンクタンクに多く、年末になると翌年の消費キーワードや売れる商品コンセプトなどを発表したりもしている。もっともこれがあたる確率はかなり低く、その場合は「時代は次々に変わっていく」という解釈で不問に付されるのが実態である。

3▼クリエイターグループ（メディア広告等に関与する芸術的創作者グループ）

デザイナー、コピーライターといったクリエイティブな業務に携わる人も勿論、マーケティング業界の一翼を担っている。しかし感性的なクリエイティブ業務との接点はかなり薄い存在である。一匹狼や個人事務所の人も多く、下請け構造の中に吸収されており、発言権自体も低いのが現実であろう。

4▼マーケティングコンサルタントグループ

このグループには企業所属のコンサルタントと独立自営組がいる。特に後者は顧問料などを取って個別企業などのコンサルティング業務などを行い、改善されれば特に問題はないが、成果が上がらないと訴訟をおこされかねない米国と違い、立場はかなり気楽である。コンサルタント業務を行うグループも、理論派と実務派に分かれ、両者に強い人は滅多に存在しないようである。いわば前者は医者でいうところの診断に強い人で、後者は治療に強いといったところであろう。

5 企業内マーケター（企業のマーケティング・セクション）

消費財メーカーではそれなりに日のあたる部門であるが、自社流マーケティングのノウハウの伝統に色濃く左右される企業もあり、革新的であるべきマーケティン・セクションはかなり保守的でもあるようである。消費者と接点のある企業であれば、どこでもマーケティング部があると思うのは間違いで、流通業には滅多に存在しない。また特に百貨店や金融業などのサービス業界にマーケティング・セクションは根づかないのが現状であろう。理由としては「マーケティングとは何か」が不明であったからであると指摘されている。

以上のように、マーケティング業界には多種多様の構造とグループが内在しており、マーケティングのアプローチや目的も多種多様である。いずれにしても、マーケティングによって「ビジネスの成功確率を高めること」に主眼を置くなら、その最大の成功要因は多元的な能力開発と、倫理観、そして社会的見識を備えた資質の要素であろうと考えている。

6 本章を終えるにあたって

以上、反マーケティングの立場―マーケティングの不完全性および欠陥について論じてきた。こうした問題を論じることは実際のところ、現実的には複雑多岐にわたり、また経験的な確証を述べるにも測定しがたい要素が多いために非常な困難をともなう。しかし、放置されざる問題を孕んでいることも事実なのである。

マーケティングに対する批判的見解としても、「消費文化」およびそれを支える「社会経済システム」、「政治的・法律的システム」のより広範な問題や、さらに敷衍すれば、「道徳的・倫理的」問題に直結している。こうした批判的見解は簡単な議論で済むものではないことも事実である。したがって、既述したように問題点を整理して、マーケティングで扱うべき限定的な範囲内で解決すべき道筋を示す他はないように思われる。

畢竟、マーケティングはあくまで企業による売れる仕組み作りや売上を考える手段であり、組織における広報宣伝活動による発現形態、利益誘導にあり、マーケティングそれ自体を批判ないし反マーケティング論を提起すること自体が無意味であって、非生産的であるとの意見が噴出しそうである。否、学問であるからには多方面からの反証があって然るべきであろう。かつて、P.ドラッカーは「利益なくして事業の繁栄はないが、利益そのものは事業の目的ではなく結果である」、さらに「利益は、企業や事業の目的ではなく条件なのであり、利益は事業における意思決定の理由や原因や根拠ではなく、妥当性の尺度なのである」[36]と述べている。妥当性の尺度をどこに置くかが重要なのである。

F．ライクヘルド［Frederick F.Reichfeld］は同じ趣旨のことを、「善の利益と破壊の利益」（virtuous and destructive profit）と説明した。善の利益とは、まず事業の唯一の目的である顧客価値の創造を明確にし、その実行に向けて経営資源を集中と選択によって対応させ、その結果として生み出された利益を指す。一方、破壊の利益とは、利益そのものを目的として設定し、そのために経営資源をひたすら削減させることから生み出される利益である、と。[37] 破壊の利益は、確かに一時的に利益は高まるが、顧客価値の創造を実現させるための経営資源を目先の利益のために減らしてしまうがゆえに、顧客価値創造という事業の本質が追求されなくなり、まさに破滅の道につながる利益となる。今日の企業活動におけるマーケティング思想の視幹を示唆することばであろう。[38]

このように考えると、マーケティングとは顧客価値の創造を実現すると同時に、顧客との良好な関係性を維持発展させることにあり、顧客満足を通して生活を豊かにし、さらに企業の成長にバランスさせた社会的責任と貢献および有限資源の最適利用と最適処理をいかに行っていくかにあるといえる。

さらに敷衍するなら、消費者を単にモノやサービスを購買する人と見るのではなく、生活を営む生活者として捉え、消費者の生活システムや生活スタイルなどを解明することも重要な課題となる。すなわち、マーケティングのあり方がアメリカ発ではなく、その国独自の、いわば日本独自の組織文化、民族文化、伝統文化・慣習などに根ざした要素を加味した日本的マーケティングの発想と活動が必要であろう。

＊注

1　鹿嶋春平太『マーケティングを知っていますか』新潮選書、二〇〇〇年、一七六頁。

2　梶原禎失『消費者行動と企業適応』新評論、一九八四年、四三頁。

3　同上、四四頁。

4　同上。また、環境対策として行っている環境活動は、往々にして環境を悪化させる。ペットボトルなどのリサイクルは、むしろ石油の消費量を増やしエネルギーコストを増幅させる懸念もあり、また、自治体による古紙リサイクル運動は民間の回収業者を圧迫する結果となっていることなど、環境保全という錦の御旗で巨額のカネと利権が動いている事実もある（武田邦彦『環境問題はなぜウソがまかり通るのか』洋泉社、二〇〇七年をみよ）。

5　Richard H. Brien, Betsy D. Gelb and William D. Trammell, "*The Challenge to Marketing Dominance*," *Business Horizon*, February 1972, p25.

6　梶原、前掲書、四五頁。

7　同上、五三～五四頁。

8　Gregory T. Gumdlach, Lauren G. Bloch, and William L. Willie, *Exploration of Marketing in Society*, Thomson, 2007, pp.29～39.

9　同上書の中で、ウィルキーとムーアはこれからのマーケティング体系について「複眼的マーケティング」を提唱している。特に、Gumdlach, Bloch, & Willie, *op.cit.*, p.13 参照のこと。彼らによる、Propositions on the Aggregate Marketing System（複眼的マーケティングシステムの立場）を以下に訳出しておく。

①「あらゆる活動を組織編成していること」。すなわち、規範的な配給機能やマーケターの意図・戦略、段取り、それに消費者および政府による活動などを包含していること。

②物財やサービスの譲渡、支払、および情報の流れやその影響などを含めて、関係者間で計画され、「それらが

継続的な流れから成り立っているか」。
③多くの点で、「広範囲にわたっているか」、すなわち、
a.原料の集積から、それを使用すべき多くの中間プロ七スを経て、さらに個々人の家計に供給されたり使用されたりといったあらゆる方向に外延していること、
b.世界中からの物財があらゆる市場へ併有していること、
c.一連のマーケター同士が互いに競争相手として活動していること、および物理的な交換活動において、多くの業者に販売している生産業者ならびに多くの再販売業者から購入するバイヤー（購入業者）との関係。
④「組織的に洗練されているか」。すなわち巨大な物質的・意思伝達基盤に依存しながら、規則的にしかも機械的に、あらゆる社会に財やサービスを生産し提供していること。
⑤「市場経済での資源配分が主な基盤となっているか」。というのは、消費者は市場に反応して、供給物が決定され、将来にわたって財やサービスが創造されるからである。
⑥特に私利私欲（利己主義）や競争、市場需要の特徴など、「効率性によって管理されているか」。
⑦法律や政府の取締り、文化的規範、ビジネスおよび消費者行為の倫理的規則・規範などを含めた「社会的勢力によって管理されているか」。
⑧「相互依存の関係にあること」、すなわち生産者と再販売業者とが相互に依存関係を強めようとすることによって、将来にわたって消費者に購入してもらえる期待感を予め明細書に記載するような標準に合わせる工夫をすること。
⑨関係者が組織活動を行う基本として、市場関係者を促進ないし維持管理するといった意味で、「人間関係や経験、信頼を通じて活動していること」。さらに、
⑩関係者が問題を解決しようとしたり、好機を追求したり、将来の市場の動きが確信できうるものに投資するがゆえに、「成長やイノベーションに連動するようなオープンシステム（開かれた組織）であるか」。

10 Gumdlach, Bloch, & Willie, *op.cit.*, p.30.

11 *Ibid.*

12 David A. Aaker, and Goege S. Day. *Consumalism: Search for the Public Interest*, 4th ed. New York: The Free Press, 1982. および Robert N. Mayer, *The Consumer Movement : Guardians of the Marketplace*, Boston, MA:Twayne, 1982. 参照。

13 境野米子・渡辺雄二『新・買ってはいけない２００６』シリーズ、株式会社金曜日、二〇〇五年。

14 拙稿「デ・マーケティング戦略の再考―負のマーケティング論研究序説⑵」名古屋学芸大学『研究紀要』（教養・学際編）第2号、二〇〇六年、二月、二七～四一頁において、タバコ産業に見るマーケティングの実態についての論考を見よ。

15 Gumdlach, Bloch, & Willie, *op.cit.* を参照のこと。

16 *Ibid.*, p.30.

17 武田の前掲書『環境問題はなぜウソがまかり通るのか』を参照のこと。本書は、①資源7倍、ごみ7倍になるリサイクル、②ダイオキシンがいかにして猛毒に仕立てられたか、③地球温暖化で頻発する故意の誤報、④ちり紙交換屋は街からなぜいなくなったか、⑤環境問題を弄ぶ人々など、隠された真実を明らかにした書物である。

18 Gumdlach, Bloch, & Willie, *op.cit.*, p.30.

19 *Ibid.*

20 保田芳昭『マーケティング論研究序説』ミネルヴァ書房、一九七六年（第2編）、一七頁による。

21 朝日新聞、二〇〇七年八月一五日朝刊「安易すぎる新商品」参照。また、商品開発競争の結果、腕時計やカメラなどに見られるように、デジタル文化に翻弄されたことにもよるが、修理をして長く大切に持つ文化が廃れてしまった。買い替え需要促進のための取り組みがあらゆる業種業界で遂行されている。

22 保田、前掲書、第2編参照。

23 これらはすべて一九八〇年代のＡＭＡによる定義を基本としたもので、二〇〇四年に新しく定義された内容とは大きく異なっている。詳しくは、拙稿「マーケティングの新定義と最新理論をめぐる解釈—激変するマーケティングの世界とその批判的見解」名古屋学芸大学『研究紀要』（教養学際編）第3号、二〇〇七年二月を参照されたい。

24 嶋口充輝『マーケティングパラダイム』有斐閣、二〇〇〇年、一九頁。

25 同上、二〇頁。

26 同上、二一頁。

27 同上、二一～二二頁。

28 保田、前掲書、三一頁。

29 嶋口、前掲書、三一頁。

30 同上。

31 同上。三一～三二頁。

32 保田、前掲書、一九頁。

33 同上。

34 日本経済新聞社編『マーケティング一〇〇の常識』一九九五年、二二六頁。

35 (1)～(5)分類は「マーケティング業界の構造」保険毎日新聞、一九九七年三月（C2—01）、および上田和勇『英国の保険マーケティング—日本への教訓』保険毎日新聞社、一九九七年による。

36 Peter F. Drucker, *The Practice of Management*, Harper & Row, New York, U.S.A., 1993. 1st edition, 1954. 上田惇生訳『現代の経営（上）』ダイヤモンド社、二〇〇六年、一八頁および四四頁他参照。

37 Frederick F. Reichheld, *The Royalty Effect : The Hidden Force Behind Growth, Profits and Lasting Value*, 1998. 伊藤良二・山下浩昭訳『顧客ロイヤルティのマネジメント—価値創造の成長サイクルを実現する』ダイヤモンド社、一九九八年。および嶋口、前掲書、五四頁。

38 嶋口、前掲書、五四頁。

第3章 デ・マーケティング戦略の再考

1 デ・マーケティングとは

デ・マーケティングの考え方は、まさに現代的課題として多くを示唆する概念ではないかと考える。無限の成長と豊かさを追求し、それを実現してきた大量生産、大量消費に象徴されるモノ過剰、結果として大量廃棄にまつわる環境問題など、前章で述べてきた新たなパラダイムの構築が必要となる時代となっている。

一般に、マーケティングは需要を創造・刺激・喚起する活動として認識されているが、デ・マーケティングは、むしろ需要を抑制する活動として理解される。本章ではデ・マーケティングの解釈およびその真意や虚像・実像などをとりあげたい。さらに、デ・マーケティングを超えた概念として、3Rまたは4R（Recycle、Reuse、Reduce、Repeat）に象徴されるReマーケティングの考え方も紹介することにしたい。

第1章で「マーケティング戦略におけるネガティブな側面と問題点」を取り上げた。そこでは主として製品戦略における「計画的陳腐化」の功罪および価格戦略、プロモーション戦略、チャネル戦略におけるネガティブな側面と問題点を指摘した。本章で取り上げる、デ・マーケティング（demarketing）は、de（デ）が英語で否定の意味を表しており、ネガティブな面ではあるが、マーケティング活動の一種の活動である。一見、奇異に思われるが、デ・マーケティングとは「ある特定階層の顧客需要を一時的ないし永続的に需要を減退させるマーケティングの一局面」を意味する。この概念の提唱者はコトラー［P. Kotoler］とレヴィ［S.T. levy］である。

通常のマーケティング活動は大量生産、大量消費を前提として、常に需要は拡大していくのが望ましいと考えるが、デ・マーケティングではむしろ「需要を抑制する、いわば販路を拡大しないマーケティング」が望ましいと考える。換言すれば、デ・マーケティングの考え方は「生産は相対的に常に過剰である」とか「経済にせよ企業にせよ成長していくものである」といった常識が普遍的なものではないということに起因している。

そもそも、マーケティングは大量生産による生産過剰を背景にアメリカで誕生したもので、それゆえ、マーケティングは今日に至るまで需要の喚起と拡大、顧客満足をその任務としてきたが、こうした状態が今後とも継続する保証は何もない。したがって、需要はなるべく喚起・拡大せず、顧客は限定して、できる限り販売しないのがマーケティングの常識とされる時代が来るかもしれない。

このようなデ・マーケティングの考え方の背景には、マーケティングとは本来、企業の現行の供給能力とその長期目標に合致するような需要を統制することだとする見解がある。そのため、マーケティングは市場への積極的な働きかけを需要の拡大だけでなく、減少においても行わなければならないとする主張である。ただこれは従来のマーケティングの一般的理解と異なるところがあるので、デ・マーケティングという呼称が付けられたものであろうと推察される。[*1]

ところで、このデ・マーケティングとは後述するように、商品・サービスの生産が需要に追い付かないことや、環境保護のための資源節約を求めるときに需要を減らす目的で行われたり、金融サービスのローンの借り過ぎの注意喚起広告に現れたり、観光誘致の制限を行ったりする場合などに行われる。したがって、デ・マーケティング戦略を実践することは、需要を抑制する方向へと導くことになり、社会全体にとって「抑制的なマーケティング」を実践する処方箋になりえるとも考えられる。[*2] このような意識のもと、「デ・マーケティング戦略」を再考しながら、人間・社会・環境との共生を図るべく、現代的マーケティングのあり方や新しいマーケティング概念を試みたいと思う。

2 デ・マーケティング概念の誕生と経緯

デ・マーケティング概念の初出は、一九七一年、コトラーがＨＢＲ（ハーバード・ビジネス・レビュー）

に寄稿したとされる「デ・マーケティング戦略」（一一〜一二月号）である。この「デ・マーケティング戦略」の共著者である、シドニー・レヴィはかつてのコトラーの共同研究者であるが、現在はブラウンをはじめとするポストモダン・マーケティングの研究者を支援する立場にある。ポストモダン・マーケティングの権威であるスティーブン・ブラウンは「コトラーがマーケティングをつまらなくした」として苦言を呈した。コトラーはモダン・マーケティングの立場から反論した。その時のやり取りで、ブラウンは「私の主張はあなたが一九七一年に寄稿した論文と同じである」と反論したのである。「デ・マーケティング戦略」というのがその一九七一年に寄稿した論文である。[*3] その後、デ・マーケティングの考え方は、マーケティングの世界ではあまり取り上げられることはないようである。

コトラーによれば、デ・マーケティングとは「顧客全般の、または一定クラスの顧客の需要を一時的にまたは半永久的に抑制するマーケティング活動」を意味する。需要を抑制するよう働きかける戦略である。いわば、マーケティングは「需要を喚起する活動」であるが、デ・マーケティングは「需要を抑制する活動」であるといえる。

マーケティングの伝統的な概念は、「需要を刺激・喚起し、それを拡大させるための手法」あるいは「既存商品についてその顧客を見つけ出すもの」、さらには「いまだに満たされていない消費者に新商品を創造するもの」といった論調で語られるが、しかしいずれの概念もマーケティングは「売上と利益」を増やすための手法であり、技法であると考える点で共通している。そして、マーケティング担当者は、4Pを巧みに操りその販売量を積み上げる専門家であるとされる。

こうした論調は供給過多の産物であって、突如、物不足に陥った場合、マーケティング・マネジメントの役割とは何であろうか。マーケティング・マネジメントはマイナーなビジネス機能に格下げされ、完全に姿を消してしまうのだろうか。それとも依然として重要な機能たり得るのだろうか。さらには相変わらず大量生産、大量消費、大量廃棄に見られる資源枯渇の問題に対しても、次々と開発される製品群を見ても、はたしてマーケティングの機能を生かし続けるべきなのだろうか。

こうした問いに答えるために、デ・マーケティングの考え方は重要である。この意味で、現代はマーケティング・パラダイムの転換期に差しかかっているといえよう。

▼3▲ デ・マーケティングの解釈とその意義

マーケティングは過去六〇年以上にわたって、かなりの発展と足跡を残してきた。マーケティング本来の意味とは「企業が直面する需要について、その水準と内容をコントロールするビジネス機能であり、その役割は、短期的には当該企業が対処できる、あるいは対処したいと希望している水準と内容に合わせて需要を調節することである。また長期的には、企業の長期目標に見合った水準と内容に合わせて需要を調節することである」[*4]とされる。

従来のマーケティングの考え方からすると、供給過多の時代にのみマーケティングが存在し、その目的は顧客探しと需要の拡大にあるとする考え方に支配されていたが、モノ不足に陥った際に、需要が手に余るほど増大した場合におけるマーケティングの役割には口を閉ざしてきた。実は需要超過も供給過多と変わらないマーケティング上の問題なのである。需要超過の時期には、顧客ミックスとマーケティング・ミックスに関して困難な意思決定を迫られることになる。顧客リレーションシップを損なうことなく、需要を全体的にあるいは部分的に適正な供給水準まで減少させる方法を探らなければならなくなる。[*5]

このような行動が「デ・マーケティング」の考え方である。いわば、需給の適正なバランスをコントロールすることである。このデ・マーケティングの示した理論的根拠は「マーケティングというのは常に拡大し続ける市場に関するものであって、そのために際限のない生産物供給が前提であったが、現在はむしろ需要過多であり、またモノ不足に陥った場合に対しても、マーケターが答えるべきである」と。かくして、コトラーとレヴィは、デ・マーケティングを顧客の需要を抑制するよう作用させる活動である、と定義した所以である。[*6]

こうした定義は、必ずしもマーケティングへの対立ではなく、マーケティング・マネジメントに本質的に備わっているものであるとして、[*7]コトラーとレヴィはデ・マーケティングを次の三つのタイプに局面別に分けている。

(1) 一般的デ・マーケティング─企業が総需要の水準を下げたい場合。
(2) 選択的デ・マーケティング─ある市場セグメント（顧客グループ）からの需要を抑制する場合。
(3) 表面的デ・マーケティング─需要を抑制しようと見せかけつつ、実は結果として需要増加を図る場合。

以上の三つ以外に四つめのタイプとして、⑷「無意識のデ・マーケティング」も取り上げているが、これは需要を増やそうとして努力したにもかかわらず、実際には顧客を逃がすだけに終わったという場合である。こうした報告は枚挙に暇がないほどある例であり、それ以上の言及は避けている。

上記の⑴～⑶について詳しく述べてみると、まず⑴「一般的デ・マーケティング」であるが、これには三つのシチュエーションが考えられる。まず①「一時的な品不足の場合」である。その原因は経営者が需要を最小に見積もったか、生産量を過大に見積もったのか、あるいは両方が重なるかしたために起こる一時的な需要超過にある状況が想定される。この一時的な品不足に対応するには、需要全体の抑制と商品の割り当て、および需要に見合った設備拡張をすることによって対処される。次に、②「人気商品のデ・マーケティング」である。過剰でしかも衰える気配のない人気を博している商品にもかかわらず、何らかの理由でその需要を低水準に半永久的に抑制したいと考える場合が想定される。これは、現在の人気がむしろ将来にわたって、長期的に重大な脅威になりかねないと判断される場合である。例えば、観光客にとって人気を博していた保養地が、その人気によって混雑や環境の荒廃ぶりが目に余るようになる場合に、需要抑制策を講じなければならない。また、あらゆる重要に応じるために発生する煩雑さに対して経営者が嫌気をさす場合、例えば、高級レストランでの口コミなどによって予約がいっぱいになり、予約しないで訪れる顧客が周りを取り囲む状況などがある。三つ目のシチュエーションは、③「商品を生産中止する場合のデ・マーケティング」である。廃止が検討されている商品やサービス、例えばニューモデルが発表された後の旧モデルなどに、いまだかなりの愛用者がいる場合などが想定される。

次に、⑵の「選択的デ・マーケティング」であるが、これは総需要を維持しつつも、ある市場セグメントの需要だけを抑制・減少させたいと考える場合である。例えば、高級ホテルが保守的なお金持ちの中年層を客筋としていたのに、クリスマスやホワイトデーなどの新企画で安価な料金で若者層などを中心として呼び込んだところ、長髪でラフな格好をしてロビーに現れ、ロビーに座り込んだり、騒ぎ立てる暴挙に出たために、従来からの顧客層が離れてしまったことで、新企画は抑制あるいは取り止めになるような場合である。また、ある自動車メーカーの高級車が富裕層のステータスシンボルであったものが、新興の富裕層の改造車が出回り、需要を抑制ないし、新規顧客にデ・マーケティングを余儀なくされる場合などが考えられる。

これらに共通する課題は、本流の顧客が新手の客層によって脅かされ、グレシャムの法則（悪貨が良貨を駆逐する）が働くことである。つまり、低価格のセグメント層が高価格のセグメント層を駆逐する場合に起こりうる。

最後に、⑶「表面的デ・マーケティング」である。これは、ある組織がデ・マーケティングを実行に移そうとしている時、実はまったく逆の効果を狙っているケースである。これ以上買い手は増えなくてよいという素振りをしながら、その商品をさらに欲しがるように仕向ける。アンティーク・ショップやリサイクルショップ、さらにひと頃、陳列の仕方で話題になったドン・キホーテなど、乱雑に商品を積み上げることで、商品の品揃えの誇張と安さを売り物にする場合である。あるいはデパートでは、一日で全サイズ揃っているとわかるように、新品のブラウスが陳列台の上に並べられており、その後、開店の数分前になると、店員はこれらのブラウスを箱から取り出し、バラバラに混ぜ合わせて安物のように見せかける。しかし、買い物客はそれらのブラウスを目にするや否や、掘り出し物をみつけようと陳列台に群がり始める。

以上のように、コトラーとレヴィによる三つのタイプ別「デ・マーケティング」が考えられるが、他にも次項で展開するようなデ・マーケティングの現象を垣間見ることができる。その前に、デ・マーケティングの真意について若干述べておきたい。

売り手は長い間、需要を創造すること、増やすことばかり考え続けてきた。需要を減らすとか、需要を抑制するといった場合の状況は看過してきた。これらの問題を調べることで、その解明に資することになるであろうし、また同じくらい大事なこととして、マーケティングを客観的に、かつ現実的に確立することにとっても有用である。

得意先との関係を悪くすることなく、総需要の水準を下げたり、儲からない市場セグメントの需要を抑制する、あるいは実需を増やすのが本音にもかかわらず、これ以上の需要は望まないと見せかけるなど、デ・マーケティングの現象と真意を解明することは、現代的なマーケティングにとって必要なことである。つまり、マーケティングを客観的に現実的に捉えてこそマーケティングの意義がある。

マーケティングの役割はやみくもに需要を増やすことにあるのではない。需要を増やすことのみのマーケティングの考え方は、経済成長やモノ不足の時代を背景にマーケティングが発展してきたからであり、押し込み営業や広告攻めといった事象とあまりにも容易に結び付いてきたきらいがある。[*8] したがって、マーケティングはある面で販売と差異化されない巧妙な手法とか、いかがわしいもの、あるいはモーケティングなどと揶揄されたりもする側面もある。

▼4▲ デ・マーケティングの虚像と実像

以上見てきたように、デ・マーケティングを声高に叫ぶ必要があるのは環境悪化や健康被害、拝金主義の蔓延など、従来の発想では対処できない問題が沸騰してきているからに他ならない。そこで次に、現実的なデ・マーケティングが適用されうる問題や現象を探ってみたい。

1▼ 観光産業におけるデ・マーケティング

観光産業におけるデ・マーケティングの考え方は「需要のコントロール」あるいは「需要の抑制」という意味で、重要な概念である。観光地や山岳観光への訪問者と環境の保全という、背反するマネジメントをどのようにコントロールするかという際に考えるツールとして極めて重要であろう。[*9] 特に、観光産業に依存している国や地域にとって、デ・マーケティングの概念を導入するには強い抵抗が予想される。ホテルや土産物屋にとって、観光客の減少は死活問題であるが、自然環境の劣化が著しいところでは地元との合意にもとづいて、デ・マーケティングを導入することは可能であろう。むしろ問題は具体的にどのようなデ・マーケティングを展開するかにある。

2 タバコ産業に見るデ・マーケティング戦略の実態

タバコ産業においても、デ・マーケティングの考え方が適用される。タバコ産業は、特にその販売戦略や広告戦略においてもデ・マーケティングのもっともわかりやすい例の広告になるかと思う。タバコ産業が語った真実として、二〇〇五年に上梓された『悪魔のマーケティング』[*10]（日経BP社）という書物がある。これは、欧米たばこ産業の内部文書に記された数々の証言をまとめたものであるが、その概要を以下に記しておこう。

① タバコ産業は、一九五〇年代にはすでに喫煙と肺癌の間に因果関係があることに気づきながらも近年に至るまで、「タバコには発癌性がある」という明白な事実を否定し続けていたこと。否定できた要因は、タバコ会社の顧問弁護士による訴訟対策、マーケティング担当者によるタバコのイメージ戦略を練るプロとして活躍にあったという。

② マーケティング活動であるタバコの広告目的は「ブランドのイメージ告知」にあり、「タバコ消費量の増加が目的ではない」と主張するが、タバコ産業の内部文書には「タバコの広告は人々にタバコを吸うきっかけを与える不可欠な要素である」と明記されている事実。広告を通じて「大人っぽさ」、「男っぽさ」、「色っぽさ」、「知的」といったタバコに対する偏ったポジティブなイメージを植え付け、彼らに喫煙をする口実を与える。

③　さらに、マーケティング活動としての「新製品開発」においても、「健康に害のない安全なタバコ」の開発を計画したこともあったが、安全なタバコ開発は、従来のタバコが危険であった事実を認めることになると考え、計画を中止したこと。そこで、「低タール」タバコを販売し、実は低タールに健康上のメリットなどないにもかかわらず、消費者を安心させた戦略。

④　市場開拓戦略としては、西欧ではタバコの売上が減少していることから、市場縮小に伴い、新たな利益を求めて東欧や発展途上国で積極的に市場を開拓している事実。また女性市場を新たなターゲットとして参入しようとする試みを描いている事実。

このように、タバコ産業も、できれば一箱でも多くのタバコを売りたいはずであるが、タバコ喫煙を助長したり、販売促進のために派手な広告・宣伝をしようものなら、タバコ産業の存在自体が社会から糾弾されかねない立場にある。したがって、ささやかに、慎み深く、「マナーを守って喫煙しましょう」とか、さらに警告文を出して「喫煙はあなたにとって肺癌の原因のひとつになります」などと訴えるのが精一杯の表向き「デ・マーケティング」戦略の一環なのである。

3　消費者金融に見るデ・マーケティング

消費者金融にとっては、できるだけお金を借りてもらい、高利子で返してもらうことが高収益になり、会社の安定にもつながる。しかし、貸し倒れや個人破産が増加すれば、消費者金融の存在自体が社会から糾弾される可能性もある。法的範囲内とはいえ、高利子を付けて貸している側にとっては負い目があるので、社会的な風潮としては立場が弱くなる。したがって、親近感のあるコマーシャルを流すことで、ローンの借り過ぎの注意喚起広告が表向き「デ・マーケティング」として効力を発揮することになるだろう。

数多くの消費者金融が次々と誕生するのは、そうした業界がかなり儲かるからであり、以前は考えられなかった都市銀行も消費者金融と業務提携して参入するあり様である。かつてのヒルファーディングの『金融資本論』(一九一〇年)を彷彿とさせる一面ではある。

4 プラスチック製品に関するデ・マーケティング

デ・マーケティング戦略において、わかりやすい例としてあげられるのが「プラスチック製品」に関することである。なぜならそれは環境問題と廃棄物処理問題として、いかに「消費を抑制するか」というテーマについて、デ・マーケティング戦略の考え方こそがその効力を発揮する分野だからである。

今日、廃棄物は地球全体の問題となり、また資源・エネルギー問題の観点からも重要な問題と捉えられるようになった。プラスチックは周知のように、石油など有限資源から作られる。このため他の資源と同じように、廃プラスチックについてもリサイクル技術の開発が進んでいる。プラスチック製品や化学工業原料の素材として再利用するマテリアルリサイクル、ケミカルリサイクルなどの手法が広く普及し、最近では石油などを節約し、エネルギー源として活用するサーマルリサイクルの重要性が認識されている。

わが国では「持続可能な発展」を目標に掲げ、循環型社会づくりへの取組みが進められている。

二〇〇〇年以降、「循環型社会形成推進基本法」をはじめ、リサイクル関連の法律が制定・改定され、二〇〇二年の自動車リサイクル法の成立によって法的枠組が整いはじめた。こうした枠組のもと、資源をより有効活用するため、廃棄物のリサイクル（recycle：再利用）に加え、リデュース（reduce：発生抑制）、リユース（reuse：再使用）といった3Rへの取組みが強化された。[*11]

循環型社会形成推進基本法が示しているように、資源の循環的な利用により、石油などの限りある天然資源の「消費を抑制」し、また環境への負荷をできる限り低減することがリサイクルの目的である。したがって、リサイクルを進めるとき、その手法により新たな資源の投入が抑えられるか、環境への負荷を抑えられるかが重要となる。

製品やサービスの環境への影響を評価する手法にLCA（ライフ・サイクル・アセスメント）がある。例えば、製品に関していえば、資源の採掘から原材料、加工組立、製品の使用、そして廃棄段階にいたるライフサイクル全体を考慮し、資源消費量や排出物を計量して評価する方法である。こうした取り組みをもっと大々的に公開すべきであり、実践することが必要であろう。

われわれは天然資源やエネルギーを大量に消費し、環境に多大な影響を与えている。その影響は単に有害物や廃棄物の排出規制では対応できない段階にきている。そこで、資源の利用なども含めた環境への影響を評価し比較して、環境にとってより望ましい製品、生産方法などを選ぼうという動きが強まっており、その手法としてLCAが注目されている。LCAはまだ発展途上であるが、多くのメーカーが導入して製品の開発・改善・戦略の立案、そしてマーケティングなどに応用されるべきであろう。

5 ファストフードの販売戦略とデ・マーケティング

ファーストフード、特にマクドナルドの製造・販売・流通戦略が世界的に注目を浴びていた。ひと頃、マクドナルド化は牧場農家との間における牛肉製品の均質化、あるいは栄養学的な見地からの肥満の元凶との誹りを受けたことがあるが、今やファーストフード・レストラン・チェーンを支える諸原理が世界中を席巻している。世界が猛烈な勢いで「マクドナルド化」(McDonaldization) しているといわれている。

マクドナルド化とは、徹底したマニュアル運用により、効率性、計算可能性、予測可能性、制御の強化、脱人間化と画一化といった合理化の諸要素を同時に達成したことである。こうしたマクドナルド化は、教育、医療、ジャーナリズム、ビジネス界、大学にとどまらず、あらゆる分野で逃れ得ない原理になったといっても過言ではない。[*12]

マクドナルド化によって、食卓を囲む時間が大幅に奪われ、家族の絆は希薄化の一途を辿り、労働者は疎外され、合理化の波がますます下位の階層に押し付けられた。不平等はさらに拡大され、貧富の差はますます激しくなって凶悪な犯罪が増え、それを取り締まるための膨大なコストも必要になる。[*13] これは決して論理的な飛躍ではない。

われわれは、こうして合理化された新しい消費手段抜きに生活できないほどの「マクドナルド化の世界」に生きている。マクドナルド化に警鐘を鳴らす術は、攻めの「デ・マーケティング」に、その答えを見いだすことができるのではないだろうか。新しい消費手段へのデ・マーケティングの役割、ヘルスケア（健康管理）や健康サービス産業におけるデ・マーケティングの役割など、今後、ますます角度を代えた、デ・マーケティングの役割・重要性が浮かび上がってくるであろう。[*14]

以上のように、「デ・マーケティング」が声高に叫ばれるようになった背景には、需要を喚起し続けてきたマーケティングの限界の露呈と、それを制御する健全な抑止力が働いてきた証左ともいえる。今や消費を抑制するよう働きかけるべき時代なのではないだろうか。

5 デ・マーケティングとＲｅマーケティングによる新たな価値創造 ——デ・マーケティングを超えて——

マーケティングは、既存商品の需要を刺激し、需要を拡大させるためのものと考えられてきた。未だ満たされていないあるいは満たされた顧客に対しても新商品を開発し、対応させてきた。これらの考え方は、いずれもマーケティングが企業の売上と利益を増大させるための技法であるとの点で共通している。

しかし、今まで述べてきた「需要を抑制する」、デ・マーケティングの考え方が必要になる場合もあるが、「Ｒｅマーケティング」を訴求するマーケティング事例も増えてきている。Ｒｅマーケティングは「デ・マーケティング」の機能領域の幅とその水準をはるかに越えるものがある。つまり、需要を減少させることや、あるセグメントの需要を意図的に抑制することではなく、ターゲットを修正したり転換したり、商品の大幅な改良および商品の品質・機能・種類を転換したり、商品そのものの廃止、流通形態の転換、販売地域の限定、広告・販売促進の変更や削減ないしは中止など、デ・マーケティングとは似て非なるものである。

需要を刺激し拡大し、一方では、新商品を創造しながらも需要を縮小させ、環境汚染や環境破壊をなくす。こうした相反する問題は企業の直面する課題でもあろうし、社会が要請する課題でもある。こうした課題を達成しようとすると、すべてのマーケティング・ツールである商品・サービス・コミュニケーション・販売・販促・価格・流通・情報・組織などの活用を必要とする。そういう意味で、マーケティングの本質は社会・組織・企業の直面する課題について、その内容と水準を管理統制するビジネス機能でなければならない。[*15]

以下では、そうした取り組みとして、新たな価値創造機能としてのＲｅマーケティングの果たしている事例をいくつか紹介してみよう。

Ｒｅマーケティングの事例として、かつてソニーが標榜していたＲｅマーケティングは「充電する」(Recharge)、「電池が生き返る」(Reborn)、「もう一度使う」(Repeat) の三つのＲである。携帯電話に限らず、充電することがあたり前になった時代に、ソニー製も含めて年間一五億本もの乾電池が無駄に消費されていた。しかし、こうした乾電池のような需要を抑制することは不可能であるから、充電することにより、くり返し使うことが然るべき方法であった。[*16] この理念こそが新たな価値創造としてのＲ eマーケティングなのである。

一方、ブラザー工業（株）の思想は、「自然との共生であり、環境調和のモノづくりを実現すること」である。環境への配慮はすべての活動の基本となることを宣言し、その指針を5Rに込めて次のように標榜している。①「過剰包装などの無駄を拒否する姿勢」（Refuse）、②「ゴミを出さないゼロエミッション」（Reduce）、③「捨てないで再利用する」（Reuse）、④「形を変えて別の機能を作り出すクリエイティブな発想」（Reform）、⑤「部材の分別や再利用を促進する再資源化」（Recycle）である。さらに敷衍すると、Reマーケティングは⑥「直す：壊れても修理する」という（Repair）、⑦「個人として所有せずに借りて済ます」（Rental）、あるいは⑧「本当に必要なものかどうかを再考する」（Rethink）といった姿勢が必要不可欠である。

こうした指針は、「地球の資源やエネルギーは限られており、二〇世紀のような使い方をしていたらもうひとつや二つの地球があっても足りなくなり、これまでの豊かな生活はできなくなる」、「大量生産、大量消費、大量廃棄というこれまでの枠組を変えていかなければならない」といった考え方のもとで策定されたものなのである。まさに、循環型社会への模索の象徴といえる。

モノづくりの最初から最後まで責任を持つことは、メーカーとして当然の義務であり、製品のリサイクルに取り組んでいくほか、製造工場はすでに徹底して廃棄物削減をすすめている。「環境への配慮があってこそ、真に価値ある製品が生まれる」といった企業姿勢・事業方針・事業成果を獲得している。[*17]

松下電器（現：パナソニック）は「電気代約四分の一、しかも長持ち」、「電球を取り替えるときは思い出してください」のキャッチフレーズで、「パルックボール」を訴求している。「電気代」と「寿命」の有利さを説いて、パルックボールの消費電力量はシリカ電球の約四分の一で、寿命はシリカ電球の約六倍という訴求である。

リビングや玄関の照明をこれまでの電球からパルックボールに付け替えるだけで「いますぐ省エネできて約四分の一の電気代で、しかも長持ち設計。家計にも環境にも明るい」を標榜し、「使いやすさとエコもいっしょに」を訴求するパナソニックの「Nの環境計画」である。今でこそLEDが普及し始めているが、パナソニックは先進的な取り組みであった。

このように、「消費のマーケティング」から「節約のマーケテンング」への転換が時代の要請するコンセプトになってきたのである。したがって、Reマーケティングは「右肩上がりの成長経済」から「エコロジーに根ざす経済」への大きな転換を促すマーケティングとして捉えるべきである。言い換えれば、Reマーケティングは「エントロピーの増大をできるだけ少なくする生活」や「ライフスタイルの見直し」を促進するものであるといえよう。[*18]

6 本章を終えるにあたって

デ・マーケティングは、リアル・マーケティング（現実の正統派的マーケティング）があってこそ、その存在価値と意義がある。デ・マーケティングの考え方が必要なのは、これからのマーケティングの一局面において、需要と供給の適正なバランスが必要であるとの認識に立つ。したがって、デ・マーケティングはマーケティングへの対立ではなく、マーケティングの一局面であるということである。

新たなるマーケティングという学問のアプローチ探索が時代の鏡として反射していくためには、マーケティング・コンセプトそのものを再確立していかねばならないであろう。そこには規制や制度改変など制度的アプローチの研究や、人間の際限のない欲望と消費との関連を含めた研究などを通して、豊かさとは何かといった根本問題を問うことが必要な時期に来ているのではないだろうか。

ガルブレイスは、「製造業者や広告代理店や卸売業者などによって扇動された、決して満たされることのない欲望―ケインズのいう『第二の部類のニーズ』に対する欲望―が需要の性質と方向を著しく変化させているのであるから、『欲望の本質と欲望の形成』について経済学者たちはもはや無知ではいられない」と主張した。実際、こうした地位を鼓舞する消費は、あらゆる社会的・経済的な集団の中で拡大していった。自分たちの貯蓄や所得によっては地位志向的支出が不可能である人々ですら、いまでは、自己の消費生活を維持するために相当な額の借金を喜んでするようになった。また銀行をはじめとする金融機関は、こうした消費者たちの要望に応えて、信販制度や信用制度を拡充してきたことも事実である。[*19]

さらに続けて、ガルブレイスは「広告と競争心」が、社会のいたる所でうごめいている欲望の二つの源泉であり、経済的に余裕のある人であろうとなかろうと、これらの影響を受けてしまうと考えた。彼によれば、「広告と競争心」の影響で生じる地位志向的消費は、それらによって新たな欲望が次から次へと生み出され、扇動されるとともに、こうした消費に融資が付くことで長期的に継続するとされた。経済理論的な関心から言えば、このことは非常に重要な意味を帯びている。というのも、普通の理解とは異なり、豊かさが増大するにつれて、純粋に経済的な意味での欲望の重要性がほとんど失われてしまうこと、言い換えると、他の（非経済的）手段に支えられない限り、生産および生産性というものの重要性が次第に失せていくということを示唆しているからなのである。[*20]

このように、豊かさや欲望、消費といった示唆を踏まえつつ、デ・マーケティング戦略そのものの考え方、あるいはそれを超えた新たなる価値創造機能としてのＲｅマーケティングを標榜することこそ、まさに現代的課題であろうと思われる。

＊注

1　宇野政雄編著『マーケティングがわかる事典』日本実業出版社、一九八七年、五四頁。

2　マーケティング倫理（Marketing Ethics）の重要性はコトラーをはじめ多くの学者が指摘しているが、日本においては真剣に議論がなされておらず、むしろこれまで避けられてきた印象すらある。詳しくは、水尾順一『マーケティング倫理』中央経済社、二〇〇〇年を参照。

3　なお、ブラウンおよびコトラーとの往復書簡については、『DIAMONDハーバード・ビジネス・レビュー』二〇〇二年七月号にまとめて翻訳掲載されている。

4　*Harvard Business Review: Philip Kotler on Marketing Management*, 2004. DIAMONDハーバード・ビジネス・

レビュー編集部訳『市場戦略論』ダイヤモンド社、二〇〇四年、七三頁。

5 同上、七二～七三頁。

6 Sue Beeton, and Ian Pinge, "Casting the Holiday Dice: Demarketing Gambling to Encourage Local Tourism," *Current Issues in Tourism*, Vol.6, No.4, 2003, p.310.

7 *Ibid.*, pp.310–311.

8 コトラー『市場戦略論』八八～八九頁。

9 Sue Beeton, "Demand Control: The Case for Demarketing as a Visitor and Environmental Management Tool," *Journal of Sustainable Tourism*, Vol.10, No.6（2002）をみよ。また、Sue Beeton, "recapitalizing the Image: Demarketing Undesired Film-Induced Image."（2003）.

Sue Beeton, "Cyclops and Sirens:Demarketing as a Proactive Response to Negative Consequences of One-Eyed Competitive Marketing", *TTRA 32nd Conference Proceedings, 2001: A Tourism Odyssey, Florida*, 2001, pp.125–136.

その他の文献としては、M.A. Clements, "Selecting Tourist Traffic by Demarketing," *Tourism Manegement*, Vol.10, No.2, 1989, pp.89–94.

P. Kotoler, D.H. Haider, and I. Rein, *Marketing Place*, The Free Press, New York, 1993.

P. Kotoler, and S.J. Levy, "Demarketing, Yes Demarketing", *Harvard Business Review*, Vol.49, No.6, 1971, pp.74–80.

10 『悪魔のマーケティング』日経ＢＢ社、二〇〇五年。原書 *Tobacco Explained*、英国NGO、ASH（Action on Smoking and Health）。

11 社団法人プラスチック処理促進協会、二〇〇五年五月。

12 George Ritzer, *The McDonaldization of Society*, 1999. 正岡寛司訳『マクドナルド化する社会』早稲田大学出版部、

一九九九年。社会学者のジョージ・リッツァは、現代社会の特徴を「効率性」、「予測可能性」、「制御の強化」「脱人間化と画一化」などと考察している。この着想の出発点となったのがマックス・ウェーバーの合理化、特に官僚制化の概念であり、マクドナルド化をウェーバーの理論と近代化と説いたのがこの書物であった。また続書『マクドナルド化の世界』（二〇〇一年）はポストモダンの視点を取り込んで、より広範な社会現象や社会問題を扱っている。

13 斉藤貴男「マクドナルド化する労働」、「日経ビジネス」（日経ＢＰ社）一九九九年七月二六日号。

14 例えば、N.M. Borkowski, "Demarketing of Health Services", *Journal of Health Care Marketing*, Vol.14, Issue 4, 1994, p.12.
N.K. Marhorta, "Reducing Healthcare Cost by Demarketing Benefits", *Journal Of Health Care Marketing*, Vol.10, Issue 2, 1990, pp.78-79.
A. Reddy, "Reducing Healthcare Costs by Demarketing Benefits," *Health Marketing Quartery*, Vol.6, No.4, 1989, pp.137-145.をみよ。

15 ブラザー工業（株）「ブラザーグループＣＳＲ報告書」、二〇〇七年。

16 同上、四五頁。

17 同上、四六頁。

18 ジェレミー・リフキン著、竹内均訳『エントロピーの法則―地球の環境破壊を救う英知』祥伝社、一九九〇年。

19 Roger Mason, *The Economics of Conspicuous Consumption : Theory and Thought since 1700*, Edward Elgar, 1998. 鈴木信夫・高 哲男・橋本 努訳『顕示的消費の経済学』名古屋大学出版会、二〇〇〇年、一六四頁。

20 同上、一六四～一六五頁。

第4章 脱成長とマーケティングは共存可能か

現代では、循環型社会の論議や地球の持続可能性の論議が盛んに行われている。序章でも指摘したように、「マーケティングの知の営為とパラドックス」という両形態をどのように有機的に再統合した新しい質や内容をともなったマーケティングが構築できるかを問うことが本章のテーマである。

企業活動やわれわれの生活意識として、循環型社会の実現や地球の環境観、特に企業の商品・サービスにおける消費者対倫理観、さらには絶えざる経済に対する成長観、人間の幸福観など、さまざまな面でマーケティングの影響力が増している。こうした企業と消費者、経済の成長観等については、セルジュ・ラトゥーシュに代表される「脱成長論」について述べ、脱成長とマーケティングは共存可能かどうかを問いたいと思う。「脱成長論」とか「成長なき繁栄」といった言葉は、一見、矛盾したような言葉だが、こうした撞着法を用いることで、そこには新しい意味が発生し、過去からの反省と批判を展開する有意義な言葉となっているのではないだろうか。

ところで、マーケティングとは何度も指摘してきたように、絶えず企業の利益主義や経済成長主義を前提として消費の拡大を議論するものであって、いかに消費の需要を喚起するかの手法を常に考えて戦略を構築している。しかし、生活の「豊かさ」を前提とするとき、従来の物質至上主義の概念のみでは、現代の生活の豊かさを具現するものとはならない。つまり従来のマーケティングの手法では現実的な経済、あるいは生活観、雇用、あるいは諸々の社会的病理を解決できない。したがってマーケティングの社会的影響力は強いので、マーケティングはどうあるべきかを考えなければならない。

マーケティングの思想はアメリカ型の「金ぴか」時代の名残を色濃く残したものを抱え込んだまま、新たな理論や思想を構築できないでいる。これからも無限の成長が続くと思い込み、マーケティングそのものの基本的な考え方を、大きな社会的変革の中で目覚めることなく引きずっているようでならない。ここに「成長なき繁栄とマーケティングは共存可能かどうか」を考えてみたい。

▼1▲ 「成長なき繁栄」および「脱成長」とは

ジョン・ケネス・ガルブレイスは、消費社会の欺瞞を告発する批判書として、『豊かな社会』(一九五八年)を出版した。一方、ティム・ジャクソン〔Tim Jackson〕は、簡素で真の意味での繁栄を排除しない社会である『成長なき繁栄』(二〇〇八年)(*Prosperity without Growth : Economics for a Finite Plan-*

et)[1]と題する書物を出版した。彼は、今世紀末までにわれわれの子孫は、きびしい気候や資源の枯渇、動植物の生息地の破壊、種の減少、食料不足、人口の大量移住に直面し、ほぼ確実に戦争が各地で起きることを経験するであろうとして、これを防ぐ対策は、ＧＤＰではカバーされない社会生活の質的向上について深く分析し、従来のマクロ経済学を越える新しい生態系マクロ経済学を提唱している。

　同じような衝撃の警告を発した書物として、ドネラ・Ｈ・メドウズ他著による『成長の限界』（*Limits to Growth*）（一九七二年）があげられる。これも、人口増加や経済成長を抑制しなければ、地球と人類は、環境汚染、食糧不足などのせいで一〇〇年以内に破滅するであろうという警告の書である。

「成長なき繁栄」という言葉も「脱成長」あるいは「簡素な豊かさ」と同義であって、やや違和感はあっても、成長という枠組で物事を考えることに囚われている人々にとっては、挑発的な言葉である。われわれは、成長という概念の枠組思考の中で経済は成長することがあたり前で、豊かさの前提条件だといった考えによって支配され、そうした思考枠組である社会通念にしたがって生活している。しかし、「消費社会は、成長社会が必然的に行き着く先であって、三重による際限のなさが根本にある」。つまり①際限のない生産―再生産による資源の無際限の採取、②際限のない欲求の生産―不必要な、あるいは欲求を掻き立てる商品の無際限の生産、③際限のない廃棄物の生産―ゴミ屑と汚染（大気、大地、水）といった無際限の放出である。成長社会を人間に定着させる手立ては、消費者を消費中毒に罹患させることである。[2]

▼2▲「豊かな社会」の欺瞞から「簡素な豊かさ」

最近、注目されている、セルジュ・ラトゥーシュ［Serge Latouche, 1940–］は、経済成長を前提とする社会に異議を唱えるフランスの経済哲学者であり思想家である。著書に『経済成長なき社会発展は可能か？』[*3]（二〇一〇年）がある。

成長経済の概念に異議を唱えるセルジュ・ラトゥーシュの論理は明快である。論点をかいつまんでみると、第一に「成長に反対するのは、いくら経済が成長しても人々を幸せにしないからだ。成長のための成長が目的化され、無駄な消費が強いられている。そのような成長は、それが続く限り、汚染やストレスを増やすだけだ」と。第二に「（貧困問題の）より本質的な解決策は、グローバル経済から離脱して地域社会の自立を導くことだ。『脱成長』は、成長への信仰にとらわれている社会を根本的に変えていくためのひとつのスローガンだ」。第三に「政治家たちは、資本主義に成長を、緊縮財政で人々に節約を求めるが、本来それは逆であるべきだ。資本主義はもっと節約をすべきだし、人々はもっと豊かに生きられる。われわれの目指すのは、つましい、しかし幸福な社会だ」。第四に「（持続可能な成長）は語義矛盾だ。地球が有限である以上、無限に成長を持続させることは生態学的に不可能だからだ[*4]」と述べている。

豊かな社会の実現には、従来にはない発想で、ときには現代社会の成長概念を否定する発想で取り組まなければ、持続可能な成長はあり得ないと主張しているわけである。

3 薬物依存症としての消費熱

現代の過剰な消費、浪費癖、あるいはハイパー消費は、欲望と欲求とのゲームのうちに資本主義社会の個人的心理に刷り込まれている。欲望は欲求とは違って足ることを知らない。欲望は、権力や富や性や愛に対する渇きが限界を知らないものの上に固着する。[*5] 老子は「豊かな人とは、足ることを知る人のことである」と言った。

他の章でも指摘したが、ヴァンス・パッカードによると、広告とクレジットと計画的オールドモデル化（計画的陳腐化）という商業的手法が、消費ひいては消費癖・浪費癖を創り出した元凶であると指摘されている。[*6] つまり、消費の欲望を創り出す広告、消費手段を容易に与えるクレジット、消費の必要性を更新させるオールドモデル化である。特に広告はマーケティングの出発点である。[*7]

4 経済成長を前提としたマーケティング

持続的成長を前提としたマーケティング思考は、「脱成長」や「成長なき繁栄」といった逆説には背反的である。なぜなら、持続的成長なしにはマーケティングという学問自体が成り立たない面があるからである。しかもマーケティングは経済成長を前提としているがゆえに、不況期にはあまり役立たないことが多い。したがって、地球環境や真に目指すべき「豊かな社会」「簡素な豊かさ」の実現のためには、別の論理のマーケティングを創造しなければならないときが来ているのではないだろうか。

セルジュ・ラトゥーシュは、「消費社会から抜け出ることは必要事ではあるけれども、簡素な豊かさの社会を作り上げるという偶像破壊的計画は、脱成長の道や声がどんなものであるにしても、反論を引き起こすし、抵抗に出会わずにはいません」[*8]と述べて、資本主義的観念システムの再構築を提起している。そして、「われわれが生産主義や消費主義のプロパガンダからいささかでも解放されるなら、簡素こそがあらゆる豊かさの前提条件だということが明らかになるであろう」と。

しかし、マーケティングは今や生産活動や販売活動の中心的役割を担っている。以上のような論理展開には与しない。成長概念を前提としたマーケティングは、残念ながら企業人や消費者である民衆の声を反映した資本主義システムの揺るぎない確固たる地位を確立している。したがって「成長なき繁栄とマーケティングは共存できない」という論理的矛盾が存在する。したがって、マーケティングは「財と欲求を拡大再生産させる心理的豊かさを操る装置」でもある。広告はマーケティングの出発であり、それはわれわれが持っていないものを欲しがらせ、すでに味わったものをないがしろにさせる。そして、満たされない欲望の昂進を繰り返し生み出す[*9]。それゆえに、GMのある重役の言によれば、マーケティングをして「経済的繁栄のカギは、不満足感情の創出にある」（ヴァンス・パッカード、前掲書）というのも事実であろう。

では、こうした矛盾を解決する糸口をいかにして見出していくのかが次の課題となる。セルジュ・ラトゥーシュによれば、「われわれが人類の未来を望むのなら、脱成長社会の構築は欠かせないだろうが、そのためには生産と消費と、とりわけ思考様式のラジカルな変更が必要である」。そのためには、「システマティックなオールドモデル化に代えて、持続性と修理可能性と製品の計画的リサイクルを採用しなければならない。そして、われわれのエコロジー・フィットプリントを少なくし、自然資源採取の水準を持続可能なレベルにまで戻さなければならない」[*10]と述べている。しかし、こうした取り組みは現在、徐々に行われていることでもある。そこで考えられるのが「マーケティング倫理」の確立である。

▼5▲ 脱成長論とマーケティング倫理

一九六〇年代後半からわずかではあるが、しかし着実に増えつつある学者グループが、マーケティング中心主義を吟味し始めた。カングン[Kangun]（一九七二年）は、マーケティング活動は経済成長に貢献してきたが、マーケティングの社会に対する負の影響が認識されず、しかも問題とされることもなく、看過されてきたことに懸念を示している。[*11] フィスク[Fisk]（一九七四年）も同様に、マーケティングのメリットに言及しながらも、マーケティング実務に対する懸念や皮相感を認めている。フィスクは、特に現在（当時）の消費レベルの持続可能性について、マーケティングの思考とツールは「社会的に望ましい長期的な環境目標に到達できるものと思っていたが、現実はそうではなかった」ことを認めている。[*12]

一方、最近ではマーケティング批判のアプローチについて、前述したセルジュ・ラトゥーシュの「縮退の理論」をあげておきたい。これは経済成長の理論を練り上げてきた「経済至上主義」を批判し、開発・成長政策に対するポスト開発政策に向けた代替構想である。この理論からすると、マーケティングも時代の変革に向けた代替構想を余儀なくされるのではないだろうか。ラトゥーシュが問い続けているのは「成長のための成長が目的化され、無駄な消費が強いられている」[*13]ということである。それはまさにマーケティング手法の批判に他ならない。

「縮退」という言葉は、“croissance”（成長）に否定辞を付けた新語で“decroissance”（縮退）の意味であり、フランスでは市民権を得るようになった言葉である。不断の経済成長というパラダイムの批判を意味している。この概念が経済の領域を超えて、政治的、哲学的な問いを提起しているものの、思想を打ちだす人々の間に、統一的な見解があるわけではない。「縮退」という言葉自体、ラジカルなエコロジストだけにとどまらず、広範に使われるようになっている。縮退の思想は今に始まったことではなく、七〇年代に広まっていた思想なのである。

新自由主義に代わって、どのような経済学がポスト・グローバル時代の指針となるのだろうか。金融危機や債務危機を引き起こし、地球環境を破壊しつつある「新自由主義」に代わって、欧州でもっとも注目されているのが、「脱成長」の経済学であろう。脱成長による新たな社会発展を目指すこの経済理論は、グローバル資本主義の構造的矛盾を克服するものとして、左派・右派の政治の壁を越えて話題となっている。「脱開発」を掲げる学術誌なども発刊され、その学会や地方政党も誕生し、社会現象となるまでになっている。その提唱者でもある経済哲学者ラトゥーシュの「脱開発」の理論的支柱をマーケティング論に適用することによって、マーケティングの新たなパラダイムを創出することになるのではないだろうか。

脱成長とマーケティング、あるいはマーケティング倫理という課題をどのようにして論理構成していくかが次の問題となる。水尾によれば、「マーケティングと倫理は両立する、また、させることができる」[*14]と述べており、AMAでも近年「倫理規定」を設けている[*15]。問題なのは、マーケティング倫理に脱成長の概念をどのように敷衍していくかである。それは企業の経営理念と経営資源、企業文化、そして企業の社会的責任、社会貢献活動、環境・社会、さらに人間の幸福感の追求と提案である。従来の消費癖を回避させるような取組みである。

どんな学問であれ、最近では経済倫理、社会倫理、企業倫理、医療倫理など、現代的な不測の課題として、応用倫理学的側面が必要不可欠になっている。いわば応用倫理学の類は、否定と肯定のニュートラルに新たな学問の立ち位置を示すことになる。マーケティング倫理については、最近AMAの定義や活動範囲にも明記されているが、わが国でも、水尾純一が『マーケティング倫理―人間・社会・環境との共生―』（中央経済社、二〇〇〇年）で体系化している。彼は、従来の「倫理」という概念が有する規範的価値観にとどまることなく、環境・企業品質・人権などの課題にも積極的に適合させるなど、企業の夢を語り、理想像を追求する未来志向の価値観も内包した「共生のマーケティング倫理」[*16]を提唱している。

水尾によると、マーケティング倫理とは「製品、パッケージング、流通チャネル、営業、競争関係、宣伝広告、価格など企業のマーケティング行動に関わる倫理」[*17]であると述べている。マーケティング行動といっても、特に企業と消費者、さらには環境やステークホルダー、それに社会全般との関係性を、マーケティング的視点から倫理問題を掘り下げて企業行動全般の行動変容に影響を与えるものでなければならない。

水尾は、マーケティング倫理には二つの視点があるとして、以下のように述べている。第1は、①人間、社会、環境志向に対応したマクロ領域と、②二重価格、クレーム、誇大広告などの不平・不満の除去から、顧客満足に至るCS経営に向けた倫理的活動としてのミクロ領域の視点である。第2は、①法律違反の問題に取り組むネガティブな活動に対する予防倫理の領域と、②環境対応、社会貢献、メセナ支援など積極的に正しい行為を促進するポジティブ活動に対する積極倫理の視点である。[*18]

こうしたマーケティング倫理を全面に押し出すことによって、脱成長の概念との統合化が図られる。先に、「われわれが人類の未来を望むのなら、脱成長社会の構築は欠かせないだろうが、そのためには生産と消費、とりわけ思考様式のラジカルな変更が必要である」と述べた。思考様式のラジカルな変更とは、過激で急進的な変更、つまりマーケティングの知的精神作用の変更または対極論である。現在のマーケティングのブレーキ役を務めるオポジット・マーケティング論の確立である。並行して展開すれば、よりよい理想的なマーケティングの構築が可能となるのではないだろうか。

また、マーケティングの第2の視点である社会貢献やメセナ支援、あるいはフィランソロピー活動、雇用機会の増大などを積極的に行っている企業に対しては、政府調達での受注機会の増大を図ったり、優遇措置を行うことによって、ポジティブなマーケティングの積極倫理を構築することが可能になるのではないだろうか。

次に述べるように、ラトゥーシュは「文化相対主義者」を名乗っていることから、文化相対主義によるマーケティング批判を展開することもひとつのアプローチとなろう。

▼6▲ 文化相対主義とマーケティング

近代化という普遍化・画一化の進行は、言語、宗教、文化、民族を異にする国々でさまざまな摩擦を引き起こしている。世界が多極化する中で、西欧文化中心主義の衰退とともに、民族や宗教の独自性が主張されるようになった。ここに、西欧文化の尺度で他の文化を測ることはできないとする「文化相対主義」の考え方が現れることになった。マーケティングの多様性を認めるとき、それはマーケティングの文化相対主義的な考え方が必要になってくるのは自然なことであろう。マーケティング戦略や経営戦略においても例外でなく、それぞれ文化・伝統・民族の異質な中にあって、一様に考えることはできないであろう。ましてや、マーケティング手法は発展途上国や未開発地域の古き良き文化・伝統・慣習や、さらに人々の道徳観・倫理観をも変えてしまう道具となる可能性があるからである。

文化相対主義（cultural relativism）とは、フランツ・ボアズによって提唱された異文化に対する見方のことである。全ての文化は優劣で比べるものではなく対等であるとし、自文化の枠組を相対化した上で、異文化の枠組を見ることが求められる。ある文化的事象を観察する際に、部外者である自分の価値観を以てそれを判断するのではなく、その文化的事象が執り行われる相手側の価値観を理解し、その文化、社会のありのままの姿をよりよく理解しようとする態度を指す。この人類学の手法は、ボアズ以前は主流であった自文化中心主義的な美化を行った進化主義への反発から来ていると言われ、ボアズらはこのような立場に抗して、それぞれの文化はそれぞれの価値において記述・評価されるべきであると主張した。

一方で、文化相対主義には普遍的人道などの観点から見て不備があり、固有文化の価値を楯に取った抑圧（イスラム圏における人権侵害）が防げないとの反論もある。しかし、これは文化相対主義（cultural relativism）と倫理相対主義（moral relativism）を混同しており、人権、虐殺、テロリズム、奴隷などの問題については、どこまでを文化、どこまでをそれに起因する道徳律とするかにおいて、いまだ議論が続いている。注意しておくべきことは、相対主義とはそれぞれの文化、思想、慣習などを擁護する姿勢ではなく、あくまでそれらに対する偏見を排した見方・研究の方法であり、文化相対主義を擁護する者が、それらの非倫理的習慣を支持しているわけではないとする再反論もある。ただ倫理相対主義は文化相対主義とかなり深い関連があり、倫理相対主義者が文化相対主義の論理を多く援用することも事実である。

また「自文化」と「他文化」という枠組を硬直的に定めがちであり、建前上「優劣をつけない」ことになっていることから、却って、相手文化の奇異な面のみを強調しやすいという批判がある。文化にも普遍的基盤というものが存在することを軽視しているとの声もあり、いわば「差別なき偏見」ともいえる。しかし文化相対主義が少なくとも全ての文化は平等に尊ばれるべきという通念を広めたことは、ほぼ全ての論者が肯定的に評価していることでもある。

以上をまとめると、文化相対主義の特徴は、次の七つに要約することができよう。

第一に、西欧文化中心主義に対して、文化の多様性を主張すること。文化はそれぞれ独自の価値と、それに基づく「合理性」を持っている。キリスト教文化以外にも多様な文化があり、しかもキリスト教内部も一様ではない。[*19] 第二に、文化の自立性と独自性を主張することである。それぞれの文化は独自の世界観と枠組を持ち、互いに「共約不可能」である。何らかの共通の物差しで、量的な差異あるいは時間軸の順序に還元することはできない。ある文化は包括的で、他の文化はその一部であるとか、ある文化は先んじており、他の文化は遅れているというものではない。第三に、人間の行動や事物の評価は、その文化のコンテクストに則してなされるべきであること。牛肉や豚肉を食すべきかどうかを普遍的に論じることはできない。第四に、人間と社会に対する平等主義的アプローチをとること。人種や民族に関係なく、人間は人間としての普遍的価値を持っている。第五に、文化間の格差、人種・民族間の能力差を否定すること。文化間に相互作用があり、相互交流があるのは当然であるが、どちらか一方の文化が優勢で、他方が劣勢であるということではない。第六に、文化と人間の価値を測る絶対的な基準は存在しないこと。文化の差異を測る唯一普遍の尺度はない。文化は、相対的にのみ語られるものであるからである。第七に、異文化・他者に関して寛容であること。それぞれの文化が独自の独立した価値を持つことを、お互いに認め合うことが必要であり、そこに相互理解が生まれる鍵がある。

しかし、こうした文化相対主義においては、自文化の独自性の主張と、他文化への排除性が並存している場合が多い。一九八〇年代の日米経済摩擦において、日本側が文化的差異を強調したのに対し、アメリカ側は、文化を強調するのはアンフェアであり、経済合理性こそが問題であると主張した。ここには文化相対主義が逆差別を生み出しているという認識がある。すなわち、文化相対主義は、人種問題や環境問題を現出せしめた西欧文明を批判し、自文明の利害を擁護するものであるという主張である。[20]

一九九〇年代に入り、ベルリンの壁の崩壊とそれに続く東欧ならびにソ連の社会主義の破綻、そしてアメリカの湾岸戦争勝利に伴って、アメリカへの世界一極化が生じることとなった。その中で、反文化相対主義が高まり、人類の普遍の価値としての民主主義と自由の精神が再び称揚され、情報通信産業革命、アジアの通貨危機を背景に、世界標準、デファクト・スタンダードが、アメリカによって強調されるに至っている。[21]

しかし・情報化・国際化の時代にあっては、文化の特殊性を強調する文化相対主義でも、文化の差異を無視する普遍主義でもなく、相互の理解を促進するような形で、それぞれの文化をより国際化・普遍化することが重要である。西欧文化の持つ普遍性・合理性を相対化するとともに、固有の文化的枠組の中で文明性を高めること、すなわち、日本的経営の移転に際しては、その普遍的側面を、それぞれの国の文化的価値に適合するような形で、それぞれの国に適応させることが肝要である。[22]

＊注

1 Tim Jackson, *Prosperity without Growth : Economics for a Finite Planet*, 2008. 田沢恭子訳『成長なき繁栄―地球生態系内での持続的繁栄のために』幻冬舎、二〇一二年。

2 『世界』岩波書店、二〇一三年九月号、一五二頁。

3 セルジュ・ラトゥーシュ著、中野佳裕訳『脱成長は、世界を変えられるか？』作品社、二〇一三年。

4 セルジュ・ラトゥーシュが、前著『経済成長なき社会発展は可能か？―〈脱成長〉と〈ポスト開発〉の経済学』二〇一〇年の出版時に、訪日した際のインタビューでの発言。

5 『世界』前掲書、一五三頁。

6 パッカード『浪費をつくりだす人々』ダイヤモンド社、一九六一年。

7 Per Skålén, Martin Fougère, and Markus Felleson, *Marketing Discource:A Critical Perspective*, Routledge, 2008. 折笠和文訳『マーケティング・ディスコース―批判的視点―』学文社、二〇一〇年、一三〇～一三一頁参照。

8 『世界』前掲書、一五三頁。

9 同上。

10 同上、一五七頁。

11 N. Kangun, "Introduction", in N. Kangun（ed.）, *Society and Marketing: An Unconventional View*, New York: Harper & Row, 1972, pp.2-4.

12 G. Fisk, *Marketing and the Ecological Crisis*, New York: Harper and Row, 1974.

13 セルジュ・ラトゥーシュ著、中野佳裕訳『経済成長なき社会発展は可能か？―「脱成長」と「ポスト開発」の経済学』作品社、二〇一〇年。本書はラトゥーシュのSurvivre au development, 2004.とPetit traite de la decroissance sereine, 2007.の合本翻訳で、ラトゥーシュへのインタビューと翻訳者の解説から成っている。

14 水尾純一『マーケティング論理―人間・社会・環境との共生―』中央経済社、二〇一二年、一頁。

15 同上、一六～一七頁。
16 同上、「まえがき」より。
17 日本経営倫理学会編『経営倫理用語辞典』白桃書房、二〇〇八年、二四七頁。
18 同上。
19 山倉健嗣・岸田民樹・田中正光『現代経営のキーワード』有斐閣双書、二〇〇一年、一五八頁。
20 同上、一五九頁。
21 同上。
22 同上。および青木保『文化の否定性』中央公論社、一九八八年。

第5章 マーケティングは持続可能な社会を実現できるか

前章では、マーケティングは経済成長を前提とした手法であること、それによって獲得された「豊かな社会」という欺瞞から、「簡素な豊かさ」を実現するための精神性を述べてきた。次いで本章では、果たしてマーケティングは持続可能な社会を実現することができるかについて論じてみたい。

1 マーケティング活動を抑制することは可能か

二〇一四年、「持続可能な開発のための教育」（ESD：Education for Sustainable Development）に関するユネスコ世界会議が名古屋国際会議場で開催された。この会議は、環境、貧困、人権、平和、開発といった、現代社会の様々な課題を自らの問題として捉え、身近なところから取り組むことにより、それらの課題の解決につながる新たな価値観や行動を生み出すこと、そして、それにより持続可能な社会を創造していくことを目指す学習や活動のことを討議した。

個々人の地球環境に対する取り組みや意識向上は大切であるが、もっともそうした取り組みを意識しなければならないのが企業活動であり、特にマーケティング活動ではないだろうか。マーケティング活動を抑制しなければ、持続可能な社会は実現不可能なのではないだろうか。また、持続可能な「開発」あるいは「発展」という言葉に関して、疑問を持たざるを得ない。果たして「持続可能な開発」とは何を意味しているのだろうか。それは可能なのだろうか。

自由主義経済にあって、個々の企業や、特にマーケティング活動を抑制するのはほぼ不可能なことである。企業倫理やマーケティング倫理によって、価値観や考え方を意識変革していかなければ無理難題なことである。しかし、そうしない限りは持続可能な社会を実現することは解決不可能である。こうしたジレンマに対してどう取り組んでいったらいいのか。

地球温暖化や資源の枯渇などの危機に対して、企業は何をどのように考えて行動すればいいのか。つまり「地球と共存する経営」という一番重要なテーマに対して企業経営の視点が欠けているようでならない。

現在の状況を改善するには、環境保護のための徹底した技術革新なり、国による法的規制（温室効果ガスの排出量目標自体の義務化）などを行うことにより、ある程度は持続可能な開発・発展は可能となるはずである。

▼2▲ 持続可能な「開発」とは

「持続可能な開発」という言葉は非常に意味が曖昧で、欺瞞・詐術的な言葉でもあろう。なぜなら「開発」とはdevelopmentにあたり、「発展」という意味もある。字義からいえば、「開発」の意味には、①土地や森林・鉱産物などの天然資源を活用して、農場や工場、住宅などを作り、その地域の産業や交通を盛んにすること。②新しい技術や製品などを実用化すること。③開発するために知恵や能力などを導きだし活用することである。結論として、経済や産業の「成長」といった意味になる。一方、「発展」とは、①物事の勢いが伸び広がって盛んになること、つまり、物事がより進んだ段階に移行すること。②活動の範囲を広めること、といった意味になる。

いずれの言葉を使用するかによって意識や考え方も変わってくる。こうした曖昧な言葉の使用こそが問題であろう。実現可能な社会を実現していくには、「開発」や「発展」ではなく、世界的な思想や運動へと唱道させるための「知恵」や「能力」を導き出して活用する「叡智」という言葉が適切である。つまり「持続可能な社会への叡智」という言葉である。「これは人類の叡智を集結して解決しなければならない問題なのである」(This is a problem that requires the collective wisdom of the human race to solve.)。

従来から、天然資源を利用して溢れるばかりの製品開発と新技術による製品化、土地開発と称して森林伐採してきた都市化開発など、確かに産業や交通が盛んになり、一般にいわれるような豊かな社会が実現した。しかし、真に持続可能な社会を実現するには、こうした従来から行われてきた「開発」や「発展」に対して、「否」を突きつける「叡智」こそが必要なのである。

二〇〇〇年ごろから、「循環型社会」といわれるようになった。循環型社会とは、循環型社会形成推進基本法第2条によると「製品等が廃棄物になることが抑制され、循環資源となった場合は、適正な処分が確保され、天然資源の消費を抑制し、環境への負荷が低減される社会をいう」とある。簡単にいえば、資源の消費を抑え、環境への負荷を低減する社会のことである。前章で指摘した3R・5R・7Rを実施し、適正な生産・適正な消費、最小限の廃棄を謳っているものである。

循環型社会への移行が経済やマーケティング活動を停滞させるのではないかという懸念もあるが、持続可能な社会構築のために、企業による環境等への配慮あるいは社会的活動がかえって企業価値を高めることにもつながる。[*1] つまりCSR（企業の社会的責任）を促すことにもなるSRI（社会的責任投資）の必要性である。

しかしそれと相まって指摘しておきたいのが、人々が財やサービスなどを必要以上に消費することや、モノに対して必要以上に執着し「より豊かな生活」や「より快適な生活」「より見せびらかしの消費」を望む限り、大量生産や大量消費、大量廃棄はやむことはない。持続可能な社会の実現は、われわれ一人ひとりに与えられている「叡智」をどう生かすかにかかっている。

3 倫理的消費とマーケティング

最近では、消費の新しい動きとして「社会的責任と環境への責任」という意識が高まっている。それが「倫理的消費」(ethical consumerism：エシカル・コンシューマリズム）という概念である。学問的には経済倫理学という分野である。従来は、それは企業側に注目した研究であったが、最近では消費者側の倫理的消費に関する研究が増加してきた。

倫理的消費とは「環境や社会に配慮して製造された商品を選択し、そうでないものは選択・消費しない」という消費活動である。このエシカル（倫理的）という言葉には、環境保全や社会貢献といった意味合いがある。こうした考え方は、グリーン・コンシューマリズム、つまり環境保護を目的として、環境に配慮した商品を積極的に購入したり、環境対策を積極的に推進している企業の商品を選択したりする消費者（グリーン・コンシューマー）をいう。そうした消費者が増加することによって、企業は環境に配慮した商品開発や技術導入を図る努力をすることになり、スリー・ウィン（企業と消費者、社会的環境対策）の関係が構築されることになる。

倫理的消費には、①発展途上国の商品をフェア（公正）な価格で取引することで、途上国の人々の自立支援につなげていこうとする「フェアトレード」というものがある。また、②組織的活動では、販売促進の手法のひとつとして、商品の売上の一部を環境保全や社会貢献に充てていこうとする「コーズド・リレーティッド・マーケティング」もある。

さらに、③消費者一人ひとりが商品やサービスの購入などを通して消費生活の目標・目的を達成するための知識や態度を習得し、消費者としての権利や役割を自覚しながら、社会の構成員として自己実現していく能力が求められる。具体的には、倫理的で豊かな生活の実現を目指す買い物上手としての「バイマンシップ」(buymanship:商品選択能力)、国民生活の向上に貢献する市民参加能力を備えた「シチズンシップ」(citizenship:社会参加能力)などを発揮できる消費者を育成することが必要不可欠になる。それらが、コンシューマーシチズンシップ(消費者市民社会)を形成することになる。[*2] したがって、倫理的消費はマーケティングにしても、個人の消費社会に見られる私生活にしても、それは消費社会の偏重を是正するものであり、消費のあり方を変えるものとして、大きな可能性を持っている。[*3]

しかし、倫理的消費には避けなければならない問題点もある。つまり、倫理的消費を隠れ蓑にして倫理的消費という名のもとで、生産・消費・廃棄そのものが正当化されないかという問題である。その点に関して、柘植は「倫理的消費の課題」で次のように述べている。[*4]

(1) 「エコ」を冠した商品が大量に生産され、大量に廃棄されるという状況は、すでに現実的なものになっている。エコ商品が市場に出回り、多くの人がそれを買い漁っては使い捨てている。エコはその目的に反して、人びとの消費欲を抑えるどころか、それを煽っている。今後、エコに限らず、倫理的消費が大量生産・大量消費・大量廃棄を正当化し、環境破壊を助長する可能性は十分にありえる。

(2) 倫理的消費が自己顕示の手段にされたり、浪費や奢侈の対象にされたりする傾向も見られる。環境や社会に配慮した商品を買うといった行為を、自分が他人に誇示するために行う傾向があるということである。消費に倫理的という言葉が付くことで、浪費や奢侈が容認されかねないという懸念である。

(3) 企業の中には、倫理的消費を利潤追求の単なる手段にしているところも見られる。企業が環境や社会に配慮した商品を提供したり、商品の売上の一部を環境保護や社会貢献に充てたりすることは望ましいことであるが、それに乗じて利益を上げることだけを目的にしているとすれば「環境や社会」への配慮を売り物にしていることになりかねない。

こうした倫理的消費が「免罪符」になって、大量生産・大量消費・大量廃棄を助長したり、消費者の自己顕示欲・浪費・奢侈を容認したり、企業の利潤追求を無条件に正当化するものであってはならない。

また、(4)倫理的消費は、消費者の倫理性や自主性を確立するものであるから、強制力を伴うものであってはならない。つまり、倫理的消費が社会的・世間的に強制的な雰囲気になると、経済的な理由などで環境や社会に配慮した商品などを買えない人びとが、社会から差別を受けることにもなりかねない。こうした事態は是非とも避けなければならないことであろう。

▼4▲ 持続可能な社会のための叡智

1▼ ESDの概要

次に、持続可能な社会と成長を前提とするマーケティングに密接に関係する問題を再び取り上げたい。初めにも書いたように、「持続可能な開発のための教育」（ESD：Education for Sustainable Development）に関するユネスコ世界会議が二〇一四年一一月上旬、名古屋国際会議場で開催された。このＥＳＤの「持続可能な開発」という言葉の解釈について異論のあることも述べてきた。しかし、その基本的な考え方や推進には大いに賛同するものである。その基本的な考え方を述べることで、本章を閉じたいと思う。

現在、地球ではさまざまな問題が起きている。地球の温暖化により、天候異変、洪水の頻発や農産物の不作にともなう食料不足、人口増加、生物の種類の減少など、持続不可能な地球環境になっている。そうした対策は喫緊の課題となっていることは誰しも認めるところである。

地球環境を持続可能な社会にするために、その原因となっているさまざまな関連分野を取り上げておく必要がある。

持続可能な地球環境を維持していくための取り組みは、以下の概略に述べるように一九七〇年代頃から始まった。当初は、地球環境問題の認識という段階であった。それは一九七〇年代に話題となった書物『成長の限界』（ローマクラブ）に触発されたものであったといえる。

1　地球環境問題の認識（一九七〇年代～八〇年代）

2　気候変動に関する科学的知見の蓄積（一九八〇年代後半～）

3　国際的枠組の設定（一九九〇年～一九九二年）

4　ポスト枠組条約（一九九二年～一九九五年）

5　京都議定書の策定（一九九五年～一九九七年）

6　京都議定書の運用細則設定（一九九八年～二〇〇二年）

7　将来の枠組に関する交渉で想定される論点

8　持続可能な開発に関する世界首脳会議開催（二〇〇二年～二〇〇四年）

〈ESDの概念図〉

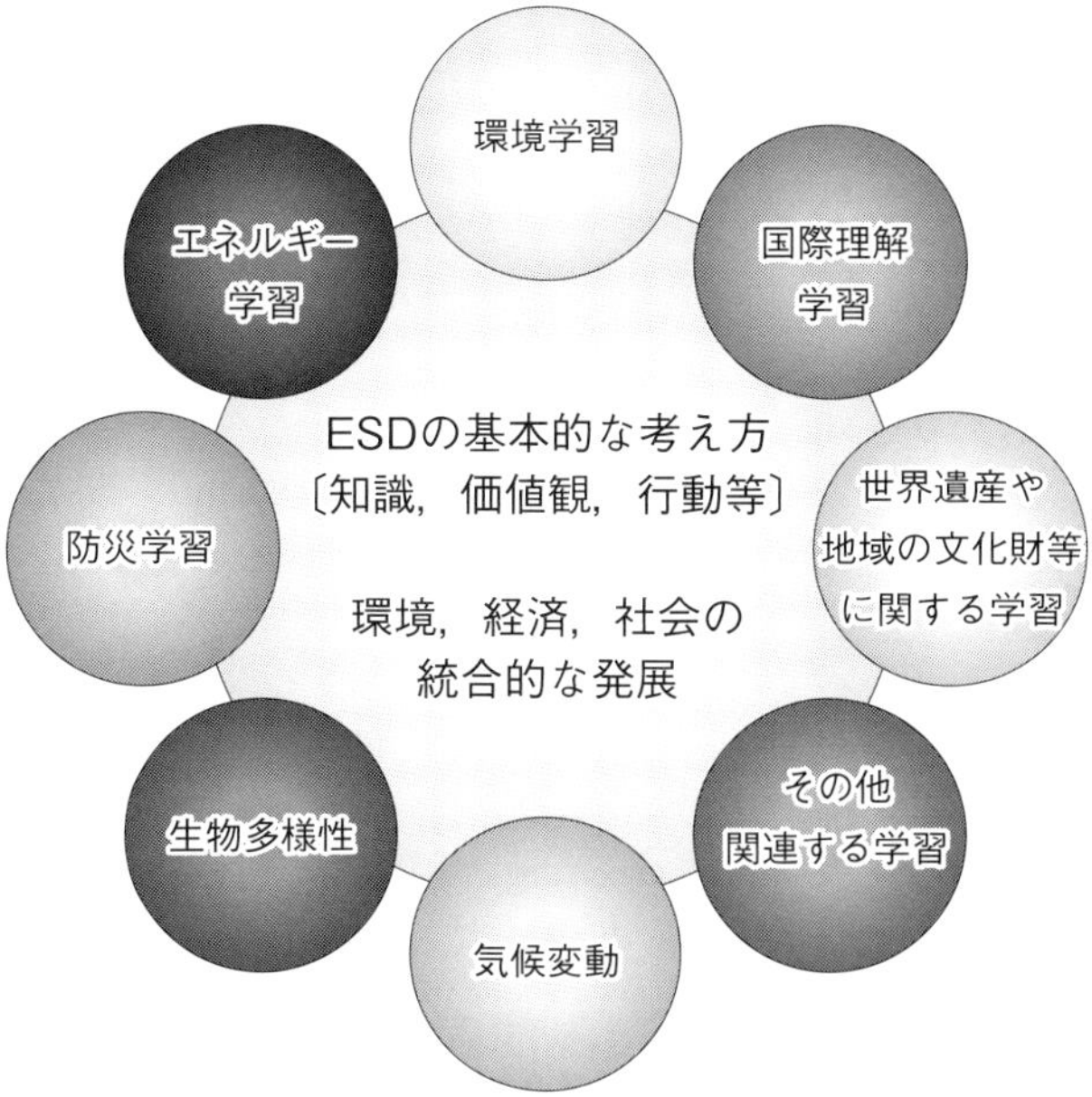

出所：「ユネスコスクールと持続発展教育」（日本ユネスコ国内委員会）。

9　国連の持続可能な開発のための教育の十年と改定（二〇〇五年〜二〇一四年）―世界的な取り組みを担う主導機関としてユネスコを指定―
10　第1回「持続可能な開発のための教育（ESD）世界会議」（ボン宣言）開催（二〇〇九年）
11　ESDの行方を占う世界会議開催（二〇一四年以降〜）
（出典：経済産業省産業技術環境局）

このように、最近では持続可能な社会を実現するための方策について世界的な規模で会議等が開催され、大きな実績を上げつつある。そのなかで、特にESDで奨励している、8つの項目には①環境教育、②エネルギー学習、③防災学習、④生物多様性、⑤気候変動、⑥国際理解、⑦世界遺産や地域の文化財等に関する教育、⑧その他関連する教育がある。ここでは、特に環境教育とエネルギー問題を取り上げたい。

①環境教育

日本ユネスコ国内委員会によると、「日本では、環境に関する知識や体験を習得する教育全般を環境教育と呼んでいる。その対象は、二〇世紀までは主に野生動物などの自然環境の保護や公害問題など、社会とのかかわりを知ることが中心であった。環境教育を学校現場で実践するため、文部科学省は環境など従来の教科をまたがる学習を行うことができる「総合的な学習の時間」を導入したが、二〇〇八年の学習指導要領改訂でその時間は減らされた。一方、環境に配慮して開発や経済成長を図る「持続可能な開発」の実現に必要な教育が「持続可能な開発のための教育」（ＥＳＤ）である。ＥＳＤの対象は、環境だけでなく、開発や人権、平和など幅広い分野にわたる。また、小・中学校など学校教育現場だけで進められるものではなく、高等教育や教員教育、環境教育、社員教育などの場でＥＳＤのプログラムが実施されることが重要である。環境教育に関する法律として、二〇〇三年にできた環境保全活動・環境教育推進法は、環境問題の解決とともに、持続可能な社会の形成をうたっており、従来型の環境教育とＥＳＤ両方の考え方が盛り込まれている。今後、ＥＳＤの視点をいかに実際の授業に取り込み、実践するかが環境教育の現場での課題となっている」[*5]。

なるほど、地球市民であるすべての国民に対する環境教育は必要であるが、それ以上に企業に対する環境教育のほうがもっと重要で不可欠であろう。

②エネルギー問題

特にこのエネルギーの問題は「人口増加と食糧危機および水資源の危機」、「豊かさへの警鐘と資源枯渇」、「市場経済の歪みと格差社会」、「膨大なエネルギー消費と環境破壊」といった、さまざまな問題を引き起こすことになる。

まず、①「人口増加と食糧危機および水資源の危機」についてであるが、特に人口増加と食糧危機については、古くは経済学者のマルサス［Thomas Robert Malthus, 1766–1834］の『人口論』がある。「人口は制限されなければ幾何級数的に増加するが生活資源（食糧）は算術級数的にしか増加しない」という命題である。[*6]

世界の人口は年々増加し、二〇一四年の「世界人口白書」によれば、世界の総人口は七二億四四〇〇万人で、前年より約八二〇〇万人増えたというデータがある。日本を除けば増え続ける人口増加（将来的には多くの消費者増）は、食糧増産のための農地開発が必要となるが、それには化石燃料エネルギーの大量消費が必要になる。特に、世界の水の消費量は人口増加と工業化、食のグルメ化によって急増を続けている。この水資源の危機を避けるには、海水淡水化や森林などの保水力の向上が考えられるが、それとて大量のエネルギー消費を伴う。

次に、②「豊かさへの警鐘としての資源枯渇」があげられる。人びとの飽くなき「豊かさの追求」、つまり成長経済への憧れである。大量生産、大量消費、大量廃棄の流れを放置することになれば、歴史が証明するように、資源・エネルギー・食糧などの奪い合いが起こり、さらにエネルギーを大量に消費する戦争への道を辿ることにもなりかねない。こうした事態を避けるためにも化石燃料エネルギーの削減努力が必要なのである。

③自由主義経済はさらなる経済成長を目指し、その流れの中でエネルギー消費は急増している。あらゆるものが商品化され、お金さえもそうであろう。グローバルな金融資本主義へと突き進んでいるが、第一次産業の崩壊した地域の環境は破壊され、社会には富の集中と深刻な格差が生まれている。こうして「市場経済の歪みと格差社会」が現実味を帯びている。今こそ、「足るを知る精神」を認識し、「豊かさ」の真の意味を問うべき時代ではないだろうか。

こうして惹起された人間の精神性と社会システムの変容は、④「膨大なエネルギー消費と環境破壊」を発生させることになった。これがすべての源泉ともいえる。[*7]

2 エントロピーの法則

エネルギー問題や環境問題がクローズアップされてきた一九八〇年代の終わり頃から九〇年代にかけて出てきたのがエントロピーという概念である。『エントロピーの経済学』といった類の本が出版された。[*8] エントロピー（entropy）というのは、「熱力学において物体や熱の混合度合いのこと」を意味する。ドイツの理論物理学者のクラウジウス［Clausius, Rudolf Julius Emmanuel, 1822-88］が一八六五年に導入した概念で、「エネルギー」の〝en〟とギリシャ語の〝toropē〟（変化）の合成語として名づけられた言葉である。このエントロピーの概念は、物理学用語に留まらず、情報理論や経済学、社会学など、広い分野で応用されている。

エントロピーとは、「無秩序の度合いを示す物理量」とでもいえようか。「秩序ある状態はエントロピーが小さいし、無秩序な状態はエントロピーが大きい」、つまり無秩序であればあるほど、エントロピーの値は大きくなるというものである。したがって、自然（世界）は、常にエントロピーが「小さい方から大きい方向」に進む、すなわち自然は「秩序から無秩序」へと進むということである。

エントロピーについては多くの説明がされているが、分りやすく説明するために、よく引用される例として、「コーヒーにミルクを一滴たらすと、ミルクは次第に広がって、最後にはコーヒーと完全に混ざってしまう」。これは一か所に集まっていたミルクの分子が時間とともに拡散したという現象である。つまり「一か所に集まった状態がばらばらに散らばった状態」になったということで、これを「エントロピー増大の法則」という。自然界ではエントロピーが増大する方向の現象だけが起こるということである。したがって、「秩序ある状態はいつの間にか乱雑な状態になる」というのがエントロピー増大の法則である。[*9]

われわれの生命や生活、あるいは経済的な営みなど、すべての万物は根源的に「エントロピーの法則」に支配されている。自分たちの生命や生活を維持する活動、あるいはエネルギー問題への取り組み等は、実はこの「エントロピーの増大」を防ぐための活動なのである。例えば、回収した資源ごみをリサイクルして再生する過程は、新たなエントロピーの増大を生み出すことになる。それによって「エネルギー問題を解決することになるのかという命題を「エントロピーの法則」は提起している。

3 ジェレミー・リフキンの「エントロピー」思想

近年において、文明批評家で著名なジェレミー・リフキン［Jeremy Rifkin］は『エントロピーの法則―地球の環境破壊を救う英知』[*10]で、エネルギーの枯渇に強い危機感を抱き、化石燃料を使い続けることの限界を唱えて太陽エネルギーの利用を推奨し、二〇〇三年の著書『水素エコノミー―エネルギー・ウェブの時代』[*11]を出版し、水素燃料を強く支持している。最近では、『第三次産業革命：原発後の時代へ、経済・政治・教育をどう変えていくか』（田沢恭子訳、二〇一二年）を出版して、自然エネルギーとネット社会が融合するネクストステージを説いている。つまり、第三次産業革命は水平パワー（ヨコの力）によって、エネルギーや経済・政治・教育・意識、さらに暮らしやビジネスなどあらゆる領域を変革していくというものである。

いずれにしても、数百年の間に人間は大量の化石燃料を浪費しながら、産業を発達させ豊かな社会を築いてきたが、それがリフキンのいう「エントロピー」を増大させてきたのである。便利さ・豊かさを追求することは、エネルギーの増大につながるとした「エントロピー増大の法則」は、急速な進歩を支えた功労者、裏を返せば急速に地球を高エントロピー状態に追いやった戦犯として、自然科学分野ではベーコン、デカルト、ニュートン、社会科学分野ではジョン・ロック、アダム・スミスの名を挙げている。また、彼はエネルギーの利用方法とイデオロギーには密接な関係があると指摘している。これまでの産業時代のようなイデオロギーに頼っていては、すぐさまエネルギーは枯渇してしまい、太陽エネルギーを有効に利用するためには、新たなイデオロギーと、そのイデオロギーに立脚した新たな社会システムが必要である、と述べている。[*12]

こうしたジェレミー・リフキンの思想には、環境問題、特にエネルギー問題と深く関わる、地球規模的な経済・政治・教育、ビジネス、それにわれわれの暮らしをも変革する思想が散りばめられている。

4 マーケティング・イデオロギーの変革へ

以上の「エントロピー」から導き出される結論として、マーケティングもイデオロギーとしての変革が必要ということである。イデオロギーとは、歴史的・社会的立場に制約された考え方および思想傾向であるから、飽くなき製品開発による大量生産・大量消費・大量廃棄を抑制する方向に舵を切らなければならないということにもなる。

マーケティングには、実は地球環境を悪化させる要因がいくつも潜んでいる。絶えず消費者のニーズを満たすために多大なエネルギーを使って、多くの製品を生産し続けなければならない。消費をしてもらうにはメディアを通じた多くの広告や宣伝活動を行わなければならない。市場創造や価値創造として、便利な物、豊かさを象徴する物、あるいは貴族的価値観を喧伝するようなコンセプトを、無くてもいいようなものまで新製品として開発し多くの資源を浪費する。マーケティング活動は、多くの地球資源とエネルギーを浪費しているのである。

しかし、マーケティングの思想は、こうした危機感を見過ごしていたわけではないことも指摘しておかなければならない。企業側の論理だけでなく、消費者あるいは社会的視点からの追究も行われてきたのである。つまりそれは六〇年代の「マネジリアル・マーケティング」視点からだけでなく、社会的視点との融合を目指す研究分野、いわゆる「ソーシャル・マーケティング」である。レイザー［Lazer］は、「マーケティングはビジネスだけでなく社会の目標にも適合するものでなければならず、広範な公共の利益と一致するよう行わなければならない」と述べている。さらに「ソーシャル・マーケティング」は、マーケティングのインパクトを生活の質、地域社会の出来事、社会的な問題、人間の資源をフルに開発させる機会、健康維持、教育と訓練、公害の現象と環境保護、仲間に対してより多くの考慮を払うことなどである」とも述べている。[*13] 彼は、マーケティング活動は社会全体に影響を及ぼすものであるから、社会システム全体をも組み入れた研究であることの必要性を説いている。

コトラーも、マーケティング活動は、社会に対して責任ある活動（socially responsibibe marketing）をすべきであることを主張している。彼は、「消費者の欲求と企業の利益という二者間の均衡だけでなく、社会の福祉を加えた三者間の均衡を図るべきである。従来のマーケティング・コンセプトは消費者の短期的な欲望を満たすことに重きをおき、消費者の長期的な福祉を危険にさらす恐れがあるので、マーケターはソサイエタル・マーケティング・コンセプト（societal marketing concept）に基づいて、社会的・生態学的な配慮を加味した製品およびマーケティングを展開することが必要である」と主張した。[*14]

レイザーにせよ、コトラーにせよ、行き過ぎるマーケティング活動の戦略的針路に対する懸念が胸中に去来していたのではないだろうか。

その後、社会的視点や環境問題に焦点を当てたマーケティングとして、「グリーン・マーケティング」があげられる。それは「地球環境や生態系への関心の増大に応えて生起した新しいスタイルのマーケティングであり、顧客や社会の要求を、利益を得ると同時に持続可能な方法で確認し、予測し、満足させることに責任を持つマネジメントのプロセスである」。[*15]

さらに、ハラー［Huller］は、サスティナブル・マーケティング（sustainable marketing）を提唱し、「⑴顧客ニーズへの合致、⑵自社の組織目標の達成、⑶生態系との調和、という三つの基準を満たすような方法で製品の開発、価格設定、販売促進、および流通を計画・実行・統制するプロセス」と定義している。[16]

以上のように、地球環境問題に盛り上がりをみせたマーケティング研究ではあったが、企業側に立脚した利益誘導のためのマーケティング思考に傾斜していったのは残念なことである。環境問題、持続可能な社会を構築していくためには、マーケティング活動の影響力は大きい。こうした研究を真剣に真摯に前面に出した研究が望まれるところである。

先ほども述べたが、WEO（二〇〇四）のデータによるエネルギーの消費動向によると、GDPの伸び（経済成長）がエネルギー消費量の伸びとほぼ同じに推移している。先進国は押しなべて経済不況とはいえ、新興国が世界経済の牽引役になってきていることを考えると、化石燃料に依存したエネルギー問題は解決しない。[17] 巷では、代替エネルギー技術について、「高効率の太陽電池」、「太陽エネルギー」、「風力発電」、「廃油からのエネルギー開発」、「電気自動車」、「水素自動車」、「メタンハイドレードの開発」など、期待されるエネルギー開発が叫ばれているが、現実にはほとんど役に立っていない。さらに、そうしたエネルギーを開発したとしても、それに見合う製品を開発したとしても、生産技術にまた多くの資源やエネルギーが消費される。

結局、経済を中心に成長を続けながら、地球環境を守るために、化石燃料から排出される炭酸ガス排出量を抑制するための代替エネルギーへの転換という、二律背反的な社会を実現するのは無理難題であることになる。それではどうするかということであるが、経済成長がエネルギー消費増と比例関係にあることから、経済成長率を下げることで、エネルギー消費量の伸び率を代替エネルギーの伸び率に合わせていくこと以外になさそうである。つまり、経済成長を抑制することしかないということになる。豊かな生活からの転換、つまり、「足るを知る」精神と多くを望まない「満足生活」を標榜することである。それにともなって、マーケティング活動も抑制し、利益を社会に還元する・奉仕する、あるいは環境負荷に対して投資を行うといった利益還元主義を標榜しなければならないであろう。

5 七つの社会的大罪

最後に、マハトマ・ガンジーの「七つの社会的大罪」（墓の碑文に刻印されているそうである）の名言を記して本章を締め括りたい。

(1) 原則なき政治：Politics without Principle

政治とは、国民の幸せを希求するためのものでなくてはならないはずであるが、多数決の原理を応用した票の獲得に勤しみ、都合の悪いことは選挙活動で伏せたり、議題には上らない。しかも、票獲得のための方便として、実現不可能な経済成長戦略や景気を良くするための希望を抱かせる欺瞞の手法がまかり通っている。大企業と中小企業、富める者と貧しい者との二極分化、貧困家庭の増加やその犠牲となる子供たちが増加しているのに、その原因と政治的対策がなおざりにされている。原則なき政治が今日のあり様であろう。

(2) 道徳なき商業：Commerce without Morality

科学や技術革新を促進し、人びとの欲望を満たすための新商品の開発、利益主導を絶対的是として邁進するマーケティング活動は、大量生産・大量消費・大量廃棄の構図として何十年にもわたり変化していない。売れるための仕掛けづくりや手法には巧妙さが見て取れる。倫理面や道徳面を叫んでも掛け声だけに終わり、実践されていないのが現状である。根本的な解決をしようという力強い抑制効果が期待できないでいる。「道徳なき商業」については、第1章へから論述してきたとおりである。

また、コンプライアンス経営やCSR、ディスクロージャーなど、コーポレートガバナンスの企業行動規範なるものも出ているが、企業の不祥事や癒着などの問題は依然として残されたままである。それに内部留保や雇用形態の不備・雇用不安による賃金下落と物価上昇、少子化問題など、道徳なき商業と政治も切り離せない問題である。

(3) 労働なき富：Wealth without Work

労働の定義にもよるが、労働もせずに富を得ようとする人々。金融工学を駆使して、コンピュータの前で株やFXなど、いわゆるデイ・トレードを行い、一日で数百万や数千万を稼いで富を得る人もいる。使いきれないほどのお金を稼いだとしても、幸せとは限らない。昔は「働かざる者食うべからず」という箴言があったが、現代は社会福祉も充実しており、病気や高齢者など、どうしても働けない人のために福祉制度はあるのだが、身勝手で自己都合で働きたくない人が生活保護を受けて、働かないでも生活している人々もいるのが現状である。

(4) 人格なき教育：Knowledge without Character

教育とは、人格を磨きながら知識や学識を得て自己実現をしていく手段であるはずが、知識・学識を振りかざし、人の上に立とうとする人々。あるいはお金儲けの手段として考えたりする人々が多い世の中である。学歴にこだわり、人格は2の次ぎ、3の次ぎに追いやられてしまったのが世俗の現状である。

(5) 人間性なき科学：Science without Humanity

ロボット工学や遺伝子工学、生化学、原子力発電など、人間生活を豊かにするはずの科学の進歩は、コントロールできないほどの弊害を生み出すことが予測され、そうした議論も後をたたない。

(6) 良心なき快楽：Pleasure without Conscience

この良心とは道徳的、倫理的な意味である。快楽にもいろいろあるが、携帯電話やパソコンの進化によって、個人主義が蔓延し、他人に迷惑を掛けない行為だとして、電車の中やあらゆる場所での快楽に耽る通信行為が見られることである。

⑺ 犠牲なき信仰：Worship without Sacrifice

宗教は、道徳的な信条に従って行動しつつも、自己犠牲や献身が欠かせないものであるが、宗教に名を借りて金儲けの手段にしたりする新興宗教など、似非宗教が蔓延している。自分を顧みずに、神に仕える信仰ではなく自らの願望だけの信仰を煽ったりすることが、いかに社会に害を与えるかを知るべきであろう。

以上のように、ガンジーの箴言は現代社会においてすべて当てはまる事柄である。7つの大罪は、皆さんが今抱いている感情によってさまざまな解釈がなされるが、それは「人類への普遍的な問いかけ」であり、「現代社会や個人への問いかけ」でもある。問われているのは①理念、②労働、③良心、④人格、⑤道徳、⑥人間性、⑦献身である。したがって、個人の原理や価値観を基盤に社会の原理や価値観に警鐘を鳴らす言葉として理解される。

＊注

1 柘植尚則『経済倫理学』弘文堂、二〇一四年、一五五〜一五六頁を参照のこと。
2 日本衣料管理協会編『消費生活論』、一〇三〜一〇四頁。
3 同上、一七五頁。
4 柘植、前掲書、一七五〜一七六頁。
5 日本ユネスコ国内委員会「ユネスコスクールと持続可能な開発のための教育（ＥＳＤ）」、二〇一四年九月二二日。

6 最近、新訳版：斉藤悦則訳『マルサス　人口論』光文社古典新訳文庫、二〇一一年が出版された。このマルサスの「人口論」は、人口増と生活資源不足の結果は、貧困問題を引き起こすというものである。なぜなら、労働者の過剰供給と食料品の過少供給により、結婚はおろか、家族を養うことも困難になり、人口増はいったん停止状態になる。安価な労働力で開墾事業に着手することで、食料品の供給量を増加することが可能となって、人口と生活資源がバランスをとることとなる。こうした変動がそれほど顕著なものとして注目されていなかったことの理由は、歴史的知識が社会の上流階級の動向に特化していることがあげられる。

　社会の全体像を示す、民族の成人数に対する既婚者数の割合、結婚制度による不道徳な慣習、社会の貧困層と富裕層における乳児の死亡率、労賃の変化などが研究すべき対象として列挙できる、としている。このような歴史は人口の制限がどのように機能していたのかを明らかにできるが、現実の人口動向ではさまざまな介在的原因（産業の開始や失敗、農業の衰退・農業の豊凶、戦争、労働力の節約、労賃と物価の相違など）があるために不規則にならざるを得ない、と。

7 以上の論点は、『ＷＥＯデータによるエネルギー予測』http://www7b.biglob.ne.jp/˜sumida/WEO.html、H26.11.10による。

8 室田武『エネルギーとエントロピーの経済学—石油文明からの飛躍』（東経新書、一九七九年）、槌田敦『弱者のための「エントロピー経済学」入門—誰も言わない環境論２』（ほたる出版、二〇〇七年）、H．ヘンダーソン『エントロピーの経済学』などがある。

9 『現代用語の基礎知識』（二〇一〇年）。

10 ジェレミー・リフキン『エントロピーの法則—地球の環境破壊を救う英知』竹内 均訳、祥伝社、一九九〇年。

11 ジェレミー・リフキン『水素エコノミー—エネルギー・ウェブの時代』柴田裕之訳、ＮＨＫ出版、二〇〇三年。

12 リフキン、前掲書、四五頁。

13 Lazer, W. "marketing's Changing Social Relationships," *Journal of Marketing*, Vol.33, No.1, p.3, 村田昭治編著『ソ

ーシャル・マーケティングの構図：企業と社会の交渉』、税務経理協会、一九七六年、一三一頁所収）。奥澤英亮著「マーケティング研究上の環境問題の処遇に関する一考察」、商学研究論集、第22号、二〇〇五年、二月において、特にアメリカと日本の社会状況（一九二〇年代から一九九〇年代以降）と環境問題との歴史的変遷を整理している。そのような環境問題の変遷とマーケティング研究の動向を手際よくまとめている。本文の内容もこれに倣って一部参考にした。

14 Philip Kotler, "*Marketing Management : Analysis, Planning, and Control*", Prentice Hall. 村田昭治監修、小坂恕・疋田聰・三村優美子訳『マーケティング・マネジメント―競争的戦略時代の発想と展開―』、プレジデント社、一九八三年。

15 Peattie, K.（1992）*Green Marketing*, London : Pitman Publishing. 三上富三郎監訳『体系グリーンマーケティング』同友館、一九九三年、一二一―一二三頁。

16 Fuller, D. A.（1999）*Sustainable Marketing : Managerial-Ecological Issues*, Sage Publications. 奥澤英亮［前掲書］に詳しい。

17 『WEOデータによるエネルギー予測―エネルギー予測が示す未来社会』平成二六年一一月一〇日による。

第6章 マーケティングの原点は「商い」である

本章では、マーケティングという学問がそもそもどういう背景に生まれたのかといった原点を簡単に振り返り、わが国の「三方よし」の商人思想や行動哲学、あるいはユダヤ商法など、マーケティングの原点について考えてみたい。

マーケティングという概念は、そもそも営利目的を持った企業が、自らの商品をどのようにして、より多くの消費者へ販売できるかを目的に考え出されたもので、一九世紀末のアメリカで生まれて発展してきた考え方である。それはより多くのものを販売し、売上を伸ばし、高収益を得ることを目的にしていることは何度も繰り返し述べてきた。

こうした考え方は、現在でも基本的には変わらないが、マーケティングを論じる際には、企業が高収益を得て、成長を続け、競合他社との競争に打ち勝つことを目的とする議論や考察がなされている。しかし、収益を獲得するということは、企業が提供する商品やサービスが社会や個人にも必要とされていることが前提である。そうした必要とする商品やサービスが、社会的環境の変化と相まって、顧客のニーズやウォンツを変化させることになるので、企業は絶えざる商品開発や新しいアイデア開発を余儀なくされる。

一方、企業が社会的要請や顧客のニーズに応えるための努力を怠れば、それは競争を放棄することであり、当然のことながら必然的に売上あるいは利益を減少させ、企業は衰退していかざるを得なくなる。

これが、マーケティングとは「時代の動向をいち早くキャッチし、変化に迅速に対応するスキル」であるといわれる所以である。なぜなら、①顧客のニーズは一定でないこと、②科学の進歩、新しい技術やアイデアの開発、③生活環境や文化・習慣が時代とともに変化すること、④多くの情報が短時間で交信され、変化の度合いが増すこと、⑤競合する多くの企業同士の効率化を求めて努力し続けなければならないこと、などがあげられる。つまり、進化し続けることがマーケティングの真の道であり、善の道であることが前提となっている。

しかし今まで述べてきたように、マーケティング信仰・標榜主義は時として多くの問題点をさらけ出すことにも注意せねばならない。

別な面から見ると、マーケティングの考え方は決してアメリカだけに生まれたものではない。わが国なら「三方よし」の商魂、中国でも「華僑商法」、ユダヤ人による「ユダヤ商法」といったマーケティングの原型があった。アメリカで生まれたマーケティングがなぜＡＭＡを中心として広まったのだろうか。結論をいうと、それは栄華（金ぴか時代）を極めていたアメリカの大企業を中心とする利益至上主義の方法論であったこと、また学問的にも整然としていて、理論的な支柱の応用が働きやすかった、効きやすかったことが考えられるのではないかと思う。

いずれにせよ、「三方よし」や「ユダヤ商法」などは、技術革新や時代の変化とともに、市場が拡大するにしたがって、マーケティングの精神性に違いが出てきたのではないだろうか。そうした精神性の違いについても比較することによって、現代マーケティングの特質が見えてくるのではないだろうか。

1 アメリカ・マーケティング協会（AMA）の設立背景とその役割

ＡＭＡという協同組織体の協会が設立されたのは、それまでマーケティングの知識や訓練の内容がアメリカ諸大学の学問的環境やビジネス環境の差異、社会的環境の変化などのせいで、アメリカの広大な地域間で異なるものになってしまいかねないため、マーケティングの原理を制度化する必要性があったからである。したがって、ＡＭＡはマーケティング・ディシプリンの異なったグループによって統合化された組織体であった。*1

その辺の事情を若干記すと、この統合化の過程の中で、一九一五年にシカゴで「世界連合広告研究会」（Associated Advertising Clubs of the World）の年次集会が開催され、それが定期的な会合となって広告学者グループが年々増え続けていった。同時に、ルイス・ウェルドの画期的な著書である『農業生産物のマーケティング』（一九一六年）が出版されてから二年後に、アメリカ経済学会でウェルドを中心にマーケティングに関心のある数人が会合をもったことで、その後、マーケティングに関心を持つグループが急速に増え続け、アメリカ経済学会のプラグラムに重要な位置を占めるようになった。一九二三年にはこのグループは「全国広告論教職者学会」の分派として、「全国マーケティング・広告論教職者学会」（National Association of Teachers of Marketing and Advertising：NATMA）の設立へと到ることになった。

その後、NATMA会員にナトマ・グラフ（*Natma-Graphs*）というニューズレターを発送し、会員数を増やしていった。一九三三年に、広告はマーケティングに含まれる活動ではないかということで、NATMAはNATMに名称変更になり、その二年後には*Natma-Graphs*は『ナショナル・マーケティング・レビュー：NMR』という雑誌に変わっていった。

一方、一九三〇年に、新しい組織であるアメリカ・マーケティング協会（American Marketing Society：AMS）が立ち上がり、その協会の雑誌である『アメリカン・マーケティング・ジャーナル』創刊号（一九三四年）を発刊した。これらの二つの雑誌は一九三六年、『ジャーナル・オブ・マーケティング』に統合され、一九三七年にはNATMとAMSとの統合によって、アメリカ・マーケティング協会（American Marketing Association：AMA）が誕生した。[*2]

こうしてAMAの設立とともに、マーケティングの歴史がスタートした。その会員たるや、学界をはじめとして、ビジネス界（当時の大企業、有力企業など）や広告学界などが中心となり、マーケティングの制度的な装置・機関を準備することになった。しかし、一方では、その巨大な組織は権力的な知の遺産とか支配・管理的合理性の産物として見られなくもない[*3]。

マーケティングが発展し、その礎となった事件は、ビジネスにとって壊滅的であった一九三〇年代の大恐慌であった。それはマーケティングにとってその求心力を高める絶好の機会だったのである。それが大恐慌の克服のために行ったニューディール政策によって確立されたマーケティングの方法論であったといえる。その内容を敷衍してみると、以下のようになるであろう。

(1) 経済問題とマーケティング問題、それに流通問題の密接な関連性が確立されたこと。
(2) マーケティングのイニシアティブが国家的な再建策として重要な位置づけがなされたこと。
(3) 国を富ます手段として、将来へのビジネスの考え方や実務にも影響を与え得るものであったこと。
(4) 経営者は新しい管理主義的なイニシアティブをマーケティング活動によって拡大させる絶好の機会であったこと。
(5) 企業が成功する原動力となるには消費をさせることであって、それを実現するためにもできるだけ多くの消費ができるように努力すること。
(6) この大量の消費拡大の手法を考えることは、マーケティング実務家にとって、市場実験の場となること。
(7) ジャーナルの役割としては新たな販売の可能性を流布させ、ビジネスのマーケティング分野を促進させること。

(8) 特に市場調査など、マーケティング実務を確立し、マーケティングの考え方を管理者の意識に深く刻み込むこと。

(9) マーケティングの考え方をあらゆる企業に適応できるよう規範的な方法で行うこと、[*4]などをあげていることである。

そこにはマーケティングの管理的なディシプリンとしての性格が横たわっており、一貫して権力的な知の遺産として、また支配管理的な根源が潜んでいると見ることができよう。

▼2▲ 日本のマーケティングの原点――「三方よし」の商人思想と行動哲学

わが国においてマーケティングの原点を上げるとするなら、近江商人または江州商人《ごうしゅうしょうにん》、江商《ごうしょう》があげられるであろう。それは遡ること、鎌倉時代から戦前の昭和時代にかけて活動した近江国（現滋賀県）出身の商人の商人思想である。大阪商人や伊勢商人と並ぶ日本三大商人のひとつに数えられる。現在でも俗に、滋賀県出身の企業家を近江商人と呼ぶことがあるくらいである。[*5]

その商人思想と行動哲学は「三方良し《さんぽうよ》し」とも言われ、「売り手良し」「買い手良し」「世間良し」の三つの「良し」に総称される。売り手と買い手がともに満足し、また社会貢献もできるのがよい商売であるということ、つまり近江商人の商売の心得をいったものである。

その商才を江戸っ子から妬まれ、伊勢商人とともに「近江泥棒伊勢乞食」と蔑まれたが、実際の近江商人は神仏への信仰が篤く、規律道徳を重んずる者が多かったようである。さまざまな規律道徳や行動哲学が商家ごとに家訓として残されていた。成功した近江商人が私財を神社仏閣に寄進したり、地域の公共事業に投資したりした事例は数多くあるそうである。

因みに当時、世界最高水準の複式簿記を考案したとされる中井源左衛門―日野商人）や、契約ホテルのはしりとも言える「大当番仲間」制度の創設（日野商人）、それに現在のチェーン店の考えに近い出店・枝店の積極的な開設など、近江商人の商法は徹底した合理化による流通革命だったと評価されている。[*6]

こうした近江商人の思想や行動哲学には、アメリカ一辺倒ではなしに、わが国独特の商人魂というか、マーケティング思想の原型が見て取れる。その思想をまとめると以下のようになるのではないかと思う。[*7]

(1)「三方よし」の精神─「売り手よし、買い手よし、世間よし」とは、売り手の都合だけで商いをするのではなく、買い手が心の底から満足し、さらに商いを通じて地域社会の発展や福利の増進に貢献しなければならない。三方よしの理念が確認できる最古の史料は、一七五四年に神崎郡石場寺村（現在の東近江市五個荘石馬寺町）の中村治兵衛が書き残した家訓であるとされている。ただし、「三方よし」は戦後の研究者がわかりやすく標語化したものであって、昭和以前に「三方よし」という用語は存在しなかったようである。

(2)「始末してきばる」の精神─「始末」とは無駄にせず倹約することを表すが、単なるケチではなく、たとえ高くつくものであっても本当に良いものであれば長く使い、長期的視点で物事を考えることである。「きばる」とは本気で取り組むという意味である。さらに、近江商人の優れた教えに「利真於勤」と「陰徳善事」という教訓がある。

(3)「利真於勤」(りはつとむるにおいてしんなり)の精神―利益はその任務に懸命に努力した結果に対する「おこぼれ」に過ぎないという考え方であり、営利至上主義への諫《いさ》めである。利益、つまり商売繁盛とは流通そのものを促進することで、その派生効果として「おこぼれ」で生まれるものだという、謙虚な姿勢そのものなのである。今風に言うと、活性化という言葉がそれにあたるだろうか。地域の活性化、コミュニケーションの活性化などいろいろあるが、やはり活発な人と人との交流を促進することが任務だということであろう。

企業であれ、商売繁盛を願う個人・法人というものが、人の交流の活性化、ひいては幸福を願うことこそが、将来的には自分の商売も繁盛させるものであるという教えである。自分の利益さえ上がれば、商売繁盛と考える、拝金主義を戒める教訓であるが、いつの時代にも、いや今の時代にこそ、だれもが肝に銘じるべき言葉かも知れない。

(4)陰徳善事《いんとくぜんじ》の精神:人知れず善い行いをすることを言い表したもので、自己顕示や見返りを期待せず、人のために尽くす精神である。確かに、社会的責任を果たすことが商売繁盛につながる、というハイレベルな考えに到達するのは、副業でも独立・起業でも、かなり時間がかかることに違いない。誰も、そんな崇高なレベルに、すぐ行けるわけではないが、しかし商売人として、やはり肝に銘じておかなければならないことは確かであって、それがこの「陰徳善事」というものではないだろうか。「陰徳善事」ならぬ「陰徳悪事」をしている、見掛け上繁盛している商売人というのは、それでもたくさんいるであろう。しかしその多くが、時には晩節を汚し、時には法の裁きを受け、という状況に落ちている。誰でも自己顕示欲はあり、見返りを期待してしまうところがある。近江商人にも「商売繁盛とは利益の追求」といった考えを持つ人が多くいたことだろう。だからこそ、このような言葉で戒めていた彼らは、現代でも商売繁盛の手本として、これからも長きにわたって、商売繁盛への道しるべとして、語り継がれていくであろう。*8

上述した「三方よし」の精神は、末永國紀著『近江商人 三方よし経営に学ぶ』(ミネルヴァ書房、二〇一一年)に詳しく書かれている。彼は、現代的CSR経営(企業の社会責任経営)の考え方には、近江商人の経営と理念という先駆があったことを、史実を中心に描いている。そして「三方よし」の精神もAMA発足以前からある、商いの商法と経営システムとして、つまり現代版マーケティングの原点として語られるのではないだろうか。こうした精神性がマーケティングに必要不可欠な要素であろう。

アメリカに端を発したマーケティングの原型よりも、日本に古来からある「三方よし」の精神性に貫かれた商人魂(ビジネスやマーケティング)を学び、日本独特のマーケティングの体系化を推進し、日本型マーケティングとして発信することもできるはずである。

▼3▲ ユダヤ商法とマーケティング

『ユダヤ商法』の著者、マーヴィン・トケイヤーの前文によれば，ユダヤ人によるユダヤ商法の秀逸さが際立っていることがわかる。その文章を引用してみよう。

「ユダヤ人は、全世界を見渡しても、わずか一四八〇万人、全世界の人口六〇億人のわずか〇・二五%しかいない。それにもかかわらず、商売の世界をはじめとして、抜きんでた人材を満天に輝く綺羅星のごとく送りだしている。

世界に名を残すユダヤ商人をあげれば、世界最大の金融財閥ロスチャイルド家、南アフリカのダイヤモンド王でありデ・ビアス社創始者のアーネスト・オッペンハイマー、シェル石油創業者マーカス・サミュエル、アメリカのデパート王であるシュトラウス家、イギリスのロイター通信創始者ロイター、アメリカのホテル王アスター一族、新聞王ジョセフ・ピューリッツァー、フランスの自動車王アンドレ・シトロエン、イタリアのオリベッティ社を創業したカミオ・オリベッティ、イギリスのアジア貿易を牛耳ったサッスーン一族など、名前をあげればきりがない。

現在、アメリカで活躍するユダヤ人を見ても、マイケル・アイズナー（ディズニー会長）、マイケル・デル（デルコンピューター創業者）、ジョージ・ソロス（投資家）、グリーンスパン（米連邦準備理事会議長）、ピーター・ドラッカー（経営学者）、アンディ・グローブ（インテル創業者）、スティーブン・スピルバーグ（アカデミー賞受賞映画監督）、ロナルドとレオナード・ローダー兄弟（化粧品エスティローダー）など、全米で三％にすぎないユダヤ人が各界の第一線にいる。

さらに、ノーベル賞を例にとると、二〇世紀が始まった一九〇一年から一九九四年までの間に、六六三人にノーベル賞が授けられているが、このうちで一四〇人がユダヤ人である。つまりノーベル賞受賞者の二一・一％がユダヤ人であった。人口比からいえばノーベル賞をひとつも取らなくてもおかしくないはずである。

また、アメリカの経済雑誌『フォーブス』の［世界でトップの四〇〇人の億万長者］一九九九年のリストでは、三四歳のマイケル・デル（デルコンピューター創業者）を筆頭にして、六〇人のユダヤ人が並んで、全体の一五％を占めている。

マーヴィン・トケイヤーは次のようにも述べている。「なぜユダヤ人だけが抜きんでるのか、これまで世界の多くの人々が、ユダヤ人の考え方を研究し、またユダヤの戒律やユダヤ商法に関して、数え切れないほどの書籍が世界の各地で出版されてきた。しかし私たちユダヤ人から見れば、それらのほとんどが本質とはかけ離れた、上っ面の『ユダヤ人論』であり、興味本位の『ユダヤ商法』に過ぎない」と。[*9]

マーヴィン・トケイヤーは一九六八年に来日してから一〇年間日本に滞在し、その間、日本の文化や日本人的思考を身につけた彼は、二一世紀の日本について「本当の意味での競争の時代を迎えるだろう。そして商売がグローバルな戦いになればなるほど、日本人としてのアイデンティティが重要になってくる。これまで日本は、個人より集団の力を頼り、同質な者を好み異質なものに対する拒否反応が強かったが、新しい時代ではそういうわけにはいかない。異質な中にあって協調しながらも、独自性を貫くことを強く求められるだろう。これは日本人にとっていささか苦手な対応かもしれない」[*10]と述べている。これは日本の教育やビジネス、あるいはグローバル化に対する向き合い方、日本人の気質に警鐘を鳴らす奥深い示唆に富んだ言葉であろう。

さて、マーヴィン・トケイヤー著『ユダヤ商法』（加瀬英明訳、日本経営合理化協会、二〇〇〇年）の「まえがき」によると、「ユダヤ商法とはユダヤ五〇〇〇年の途方もなく永い、しかも極めて特異な歴史の中から生みだされたものである。われわれユダヤ人は、遠く紀元前三〇〇〇年もの昔から、独立民族として存在していたにもかかわらず、紀元七〇年に最後のユダヤ王国をローマ軍によって滅ぼされてから、一九四八年のイスラエル建国までの一八七八年もの間、国を失い、流浪の民として世界に四散し、安住の地をえることができなかった。そして、その土地その土地において、古くは奴隷や賎民として生きることを強いられ、中世にいたっても、いつも不当な蔑視と差別の中で、ユダヤ民族であるがゆえに、ようやく身につけた財産一切を剥奪され、永く住み着いた土地を追われる迫害を受け続けた。いうなれば、ユダヤ民族そのものが、いつ何時地球上から消滅してもおかしくなかったのである。それにもかかわらず、われわれは、迫害を受け追放される度に、新たな見知らぬ土地で、自分の力だけを頼りに業を起こし、したたかに民族として生き残ってきた。いわば、『ユダヤ商法』の本質とは、ユダヤ人が持っている、恐るべき逆境の中から業を起こすという根源的な力のことをいうのである。その力とは何なのか――その謎を解きあかすのが、本書の目的である」と記している。

その根源的な業の力とは何か。それは次の十戒に収められている。簡単に要点を見ていくことにしたい。

1 ユダヤ商法第1戒「正直であれ」

ユダヤ商人の商道徳についてはかなりの分量が割かれている。その中でも商人のしてはならないこととして、①誇大宣伝をすること、②値をつりあげるために貯蔵すること、③計量をごまかすことなど、繰り返し商売の不正行為を戒める言葉が出てくることである。[*11]

また、①お客の声を大切にしさえすれば商売は成功する、②商売は店と客がともに幸せになる芸術だ、③買わないで帰る客を、買った客の倍、大切にするつもりで接しなさい、[*12]といったように、商売は自分と客をともに満足させることによって成り立っているということが基本であって、ユダヤ商法の重要な原則なのである。

このように、ユダヤ商法は商売の王道や倫理規範、そして細かい実務の方法が記された「理詰めの商法」なのである。さまざまな逆境の中の悪条件を合理化し、改善し、新たな手法を生み出すことによって解決してきた。この理詰めの商法であるユダヤ商法において、商人の「正直さ」は、まさに普遍の黄金のルールなのである。[*13]

マーケティングも別な言い方をすれば、脈々と連綿とつながる「商売」である。「ビジネス」なのである。マーケティング理論も商売の方法論なのである。したがって、現代のマーケティングも上述したユダヤ商法の商道徳である①～③を見習うことが必要なのではないだろうか。

2▼ユダヤ商法第2戒「好機を捉えろ」

ユダヤ人の「逆境から業を起こす力」について、あらゆる変化や困難な状況を飛躍する好機として捉えてきた民族性を称えている。つまり激しい変化の中にあっても、自らを失うことなく、かえってその変化を「商機に変える」ことを旨としてきたことが描かれている。そのためには常に先を読み、頭を使うこと、さらに知識や情報に対する嗅覚が鋭く研ぎ澄まされていることが必要である。またユダヤ商人には自らの個性や伝統文化を失うことなく、しかも異文化を知ることも重要な要素であったという。[*14]

こうした「好機を捉える」「商機に変える」ことに関しては、現代のマーケティング戦略でもすでに実践されていることであるが、巧妙なやり口では商道徳に反することになりかねない。消費者の欲望を次から次へと創り出すことで、便利で何不自由のない生活物資を生産し販売することが人間の幸せな生き方そのものなのかが疑問であろう。それらを入手するには金銭が必要不可欠となる。詰まるところ、拝金主義に陥りかねない懸念もある。

3▼ユダヤ商法第3戒「生涯にわたって学べ」

「知力こそ最大の宝」として教育こそが、言い換えると、学ぶことによって頭脳を磨いてきたことに、ユダヤ人の成功の要因があるという。[*15] 知力こそが最大の成功への武器だということである。そして「ユダヤ人は本の民」というように、「本のない家は、魂を欠いた体のようなもの」、「もし本と洋服を同時に汚したら、まず本から拭きなさい」、「もし生活が貧しくて物を売らなければならないとしたら、まず金、宝石、家、土地を売りなさい。最後まで売ってはいけないものは本である」[*16]など、知性を得るための本を最大の財産としてきた。

ユダヤ人の教育の成功の秘訣を五つあげている。①個人を重視する、②自分の得意分野で優越することを目的とする、③全人格を向上させる、④想像力を養う、⑤生涯を通じて学ぶことである。[*17]教育によって豊かな人生を全うする、欲望にひれ伏さないで人格を磨く、「足るを知る生活」を生涯を通じて学ぶ精神を養う。こうしたことを「書物」から学ぶことが必要であると説いているわけである。

4▼ユダヤ商法第4戒「時間を貴べ」

ユダヤ人の力の源泉は「シャバット」（ヘブライ語で「休日」の意味）であるという。休日は「聖なる日」（ホーリーディ：英語のホリディ）で安息日をとても大切にしているという。仕事はもちろん、仕事に関連した話や仕事に関する本も読んではいけないし、しかも娯楽（テレビ、映画、運動など）も禁止事項である。つまり、シャバットの日は労働から完全に解放され、家族との団欒や己の英気を養うためだけにあるそうである。[*18]

「お金と時間、どちらが大切か」もタイム・イズ・マネーよりもタイム・イズ・ライフ（時は人生）を大切に生きる、時間が何よりも尊いことを教えている。[*19]

つまりユダヤ人は物ではなく、時間をもっとも神聖なものとみなし「物が創造という行為の結果でしかないのに対して、時間は常に創造する行為の始まりである」[20]ことを悟っている。

さらに、人間には無限の物欲があり、物を手に入れ、支配しようと努めるが、しまいには物に支配される。「川はみな海に流れ込むが、海は満ちることがない」[21]。つまり人は限りない欲望を持っているが、それが満たされることはない。まさに現代は「物欲」と「足るを知る精神」とのバランスが望まれる時代なのではないだろうか。

5▼ユダヤ商法第5戒「笑え」

第5戒では「笑い」の大切さを述べている。ユダヤ人は歴史を通じて「笑い」を大切にしてきた民族であり「笑いの民族」ともいわれる。ジョークは、知性を高める訓練であり、逆境を乗り越えるための対処法でもある。アインシュタインやフロイトも優れたユダヤ人でありコメディアンであったし、かのチャップリンもユダヤ人である。ジョークは知力を磨く道具でもあったようである。つまり「笑い」は頭脳を磨く潤滑油であり、連想する力(想像力)を鍛える秘薬なのである。また「笑いはストレスを軽減してくれて、細胞を活性化する効用もあり、頭の柔軟体操にもなり、ギクシャクした人間関係を滑らかにする」効用もあるという[22]。

こうした笑いやジョークを組織の人間関係の基本としたり、人事管理や社員教育に活用することで、組織が大いに活性化するといった例がふんだんに散りばめられている[23]。パワハラやセクハラ、マタハラなど、人間関係を制約する弱いもののいじめによる言動はあってはならないことであるが、組織を活性化するためにも笑いのある人間関係や高尚なジョークも必要なことだろう。

6▼ユダヤ商法第6戒「使命感を持て」

「使命感を持て」が綴られている第6戒では、たえず未来への夢を持つことが唱道されている。それに関して、ユダヤ人の使命感や歴史観は、つねに人間社会を含めて歴史を、始めから終わりまで一直線で結ばれ、時間とともに進歩し、明るく、正しい未来へ進むものとみなしており、ユダヤ人は自分の置かれた地位に満足することなく、日々向上しようとする民である、という。[*24]

つまりユダヤ人の使命感を支えているものが「メシア（救世主）信仰」だということである。歴史を通じて、疾病、飢餓、迫害、国外追放などのカタストロフィに襲われてもメシアが来るときには、すべて癒されるだろうという楽観的心情を持っている。しかし、愚かな者はメシアが下っても愚かなままで救われることはないという。したがって、ユダヤ人はいつメシアが現れてもいいように、日頃から自らを向上させることに努めるのだという。[*25]

「人間は目標である終末点があるからこそ、目的を持つことができる。そして使命感を抱くことができる」[*26]のである。このように、ユダヤ人には独特の使命感、歴史観が根底にあるからこそ、成功を成し遂げたのである。したがって、ユダヤ人は太古の時代から、未来への夢を描くという習性をもった「夢見る民族」「希望の民」なのである。[*27]

7 ユダヤ商法第7戒「過去から学べ」

ユダヤ人の大きな特徴のひとつは、過去を過去として葬らないことであろう。[*28] なぜなら失敗は、貴重な教訓となってくれるものであるし、人間を鍛えてくれる学校であるとまでいう。「人は失敗することなくして、成長することはできない。失敗は成功の種を宿している。失敗することを恐れてはならない。しかし、2回、同じ失敗をすることを恐れるべきである」と教えている。

また、ユダヤ人は新しいものより古いものの方が、長い年月によって試されてきたから値打ちがあると考え、古いものを尊ぶからこそ、優れた新しいものを創りだすことができるという。[*29] 過去は人を樹木にたとえれば根にあたる。もし根を殺してしまったら、どのように見事に繁っている木であったとしても、木は枯れるほかないとして、「過去」(教え)から学ぶべき創造主(知恵)たれと教訓を残しているのである。

8 ユダヤ商法第8戒「話す倍聞け」

ユダヤ人にとって、人との活動で「シェマ」(ヘブライ語で「聞く」「耳を傾ける」「理解する」)という言葉が最も大切なこととされ、「話す二倍は聞きなさい」[*30] という教訓があるそうである。話し上手よりも、聞き上手の方が尊敬され、しかも知性を表すが、つねに騒々しく自己主張する者は愚かである、[*31] と。しかし必要なときには、充分に自己を主張し、表現しなければならないのは言うまでもない。また「話す倍聞け」という戒めは、われわれに慢心を退け、謙虚であれということを教えている。[*32] 学識と同じほどに、謙虚さが重んじられるということである。
いつの時代にも、商人にとって、もっとも恐れなければならないものは慢心であり、驕慢（自分だけが偉いと思って、他人を見下す）になることであると。[*33] だから、腰の低い商人は、尊大な商人よりも顧客が多いものであると戒めている。[*34]
したがって、生涯にわたって、多くの人の意見に耳を傾け、そこから謙虚に学ぶ姿勢を持ち続けることの大切さを教えているのである。

9▶ユダヤ商法第9戒「弱者に施せ」

ユダヤ人にとって、慈善は神より命じられた使命である。自分一人で稼いだ金でも自分だけのものではなく、社会に属したものであると考える。ユダヤ人にとって、金儲けはあくまでも手段であって目的ではないとされる。[*35]
ユダヤ商人と慈善の件で、ホームメイドアイスクリームの創業者であるベン・アンド・ジェリーの成功体験を取り上げている。その成功理由はベン・コーエンとジェリー・グリーンフィールドの二人が、ユダヤ人に古くから伝わっている「人に与えるほど、自分に返ってくる」という知恵を、経営戦略の基本としていることである。[*36]
現在でも、ベン・アンド・ジェリーは、そのビジネスを支える仕入先、従業員、農家、フランチャイズオーナー、お客様、そしてコミュニティの隣人に至るまで、すべての人が共存共栄できる社会を作ることを目的として、三つの企業理念を掲げている。その理念とは、①「製品における使命」―すべての人に幸せを届ける最高品質のアイスクリームを製造・販売する。また、その原材料は安全・安心の天然素材を中心とし、地球環境にも配慮したビジネスモデルを推進する。②「経済的使命」―企業体として安定した収益を創出し、継続的な成長を実現することで、ステークホルダーのために企業価値を高める。また、社員の育成に注力し、キャリアアップのための成長を実現する。③「社会的使命」―企業が社会の一員として果たすべき役割をきちんと認識しながら、革新的な方法で地域の、国内の、そして世界の人々の生活を向上させる。[*37]

さらに敷衍するならば、「資本主義は、誰しも平等に富を与えてくれません。わたしたちは、貧富の差が一九二〇年以来最も広がっていると感じます。立場の弱い人たちに経済的なチャンスを作り出すようにつとめ、何度でも繰り返すことができる経済的フェアネスの新しいモデルを目指します。農業のほとんどでも、有害な化学物質や長続きしない方法に頼りすぎています。でもわたしたちは、環境破壊を促進しない、安全な農業のやり方をサポートします。また、土地の生産性を維持し、家族経営の小さな農場や地域コミュニティの経済的可能性もサポートします[*38]」と。

このような経営態度は、社会から好意を持って受け入れられ、社会福祉にも大きく貢献している。「弱者に施せ」の精神は、マーケティングにも通じる大変重要な教訓であろう。最近注目されている「コーズ・リレイテッド・マーケティング」の考え方にも相通じるものがあるようである。

10▼ユダヤ商法第10戒「家族を大切にせよ」

「ユダヤ人は、歴史を通じて幸せな家庭を築くことを重視してきた民族である」とし、仕事で成功するとか、社会に貢献するといったことは、あくまでも幸せな家庭あってのこと、家庭を重視することによって成し遂げられることである、と述べている。夫の役割、妻の役割、子供に対する愛しみなど、家庭の中でのそれぞれの役割分担について詳細に記述している。

「女性の権利を守る古代法」[*39]の節では、女性の権利、女性の占める地位などがユダヤ古代法とはいえ近代法に近く、どの民族よりも高いことを記している。そして、性生活についても、男女別の性生活の奨励や具体的な方法などについても記述している。

ユダヤ人は、性生活を含めて、キリスト教やイスラム教とは違い、禁欲的な民族ではなく「金」や「性」を汚いものだとは考えないで、むしろ共通点があり人生に役立つものだと考えている。なぜなら「誰しもそれを欲しがるのに、露骨に口に出せない。また、なければ、そのことばかり考えなければならない」[*40]と書かれている。したがって、ユダヤ人は、性衝動を自然な、良いものであるとし、禁欲主義は人間本来の条理にはずれることになるのであろう。しかし、性に関する7つの戒めについても詳細に述べている。[*41]

家庭不和の原因は、男性にしても女性にしても、特に男性にとって女性は永遠の謎であることなので、家庭円満にするコツは、男性が女性の気質を十分に知ることであることと諭している。[*42]

以上のように、ユダヤ人の民族性やユダヤ商法が注目されるのは、ユダヤ教というきわめて独特で優れた信仰のもとで、古代から「知」を重んじ、強い理想を抱き続けてきたからである。[*43] それこそがユダヤの精神文化なのである。日本経済を背負う経営者やビジネスマンが、新しい時代の生き方を模索するにあたって、貴重な手がかりを与えてくれる内容でもあろう。

＊注

1 Per Skålén, Martin Fougère and Markus Felleson, *Marketing Discourse:A Critical Perspective*, Routledge 2008. 折笠和文訳『マーケティング・ディスコース―批判的視点から』学文社、二〇一〇年、一一八〜一一九頁。
2 *Ibid.* 同上訳、一三〇〜一三一頁。
3 同上訳、一〇頁。
4 同上訳、一三三〜一三四頁。
5 http://ja.wikipedia.org/wiki/近江商人。
6 同上。
7 ⑴〜⑷は、「三方よし研究所」情報誌『三方よし』36号より。
8 「商売繁盛の秘訣と実例―「利真於勤」と「陰徳善事」」(『近江商人の教え』二〇一〇年九月二二日)より。
9 マーヴィン・トケイヤー『ユダヤ商法』加瀬英明訳、日本経営合理化協会、二〇〇〇年、「まえがき」より。
10 同上、「まえがき」より引用。
11 同上、五一頁。
12 同上、五三頁。

13 同上、六八〜六九頁。
14 同上、七三〜九二頁。
15 同上、一一一〜一一二頁。
16 同上、一二〇〜一二一頁。
17 同上、一三二〜一五四頁。
18 同上、一六一〜一七一頁。
19 同上、一七二〜一七三頁。
20 同上、一七六頁。
21 同上、一七七頁。
22 同上、一八七〜二三一頁。
23 同上、二三二〜二三四頁。
24 同上、二三九頁。
25 同上、二四〇〜二四一頁。
26 同上、二四三頁。
27 同上、二四五頁。
28 同上、二七八頁。
29 同上、二八一〜二八二頁。
30 同上、三一三〜三一三頁。
31 同上、三一五頁。
32 同上、三三一頁。
33 同上、三三五頁。

34 同上、三三七頁。

35 同上、三四一頁。

36 同上、三六〇~三七〇頁。

37 コーエン・ベン、グリーンフィールド・ジェリー『ベン&ジェリー・アイスクリーム戦略──「価値主導のビジネス」が生んだ成功物語』神立景子訳、プレンティスホール出版、一九九八年。

38 同上。

39 トケイヤー、前掲書、三八四~三九〇頁。

40 同上、三九〇~三九一頁。

41 同上、三九三頁。

42 同上、三九六~四〇〇頁。

43 同上、四一一頁。

第7章 欧米文献に見るマーケティングの批判研究

本章では、タダジュスキー［Mark Tadajewski］とマクラレン［Pauline Maclaran］によって編纂された『マーケティングの批判研究』（*Critical Marketing Studies*）（三分冊）に沿ってマーケティングの批判的な展開をしてみたい。

第1巻（三八五頁）では、「マーケティングにおける批判的視点の展開」[*1]、第2巻（四一八頁）では「マーケティングの批判研究における理論的および経験主義的見解」[*2]、それに第3巻（三九五頁）では「マーケティング倫理と社会的諸相に関する倫理的考察」[*3]の概要を紹介したい。三分冊はかなり大著であるが、幸いにも第1巻である冒頭の一七頁（原著p.xviii）～四六頁（原著p.xivi）には三分冊の概要が述べてあるので、それらを参考にしたい。上記の内容を分析することによって、マーケティングの批判的研究における視点とアプローチおよびマーケティングに対するさまざまな批判的見解が明らかになると思う。

マーケティング発祥の地、アメリカでさえ、マーケティングの個別事象についての反省や批判など、学問的研究に余念がない。特にヨーロッパ圏でのそれは批判分析と相まって，マーケティング批判に関して百花繚乱の様相である。

1 マーケティングの批判的見解――第1巻の概要

第1巻では「マーケティングにおける批判的視点の展開」と題し，①ソーシャル・マーケティング―視点と限界，②マーケティング・マネジメントへの批判的考察，③批判理論とマーケティングの部から構成されている。なお，本章で述べるそれぞれの節題については筆者の判断によることをお断りしておきたい。

1 顧客は神様か

ベントン［Raymond Benton, Jr］[*4]やモーガン［Glenn Morgan］[*5]およびムーアマン［Christine Moormann］[*6]のそれぞれの論文では，マーケティングの批判的な歴史を扱っている。ベントンは，マーケティングの発展を通じて特定の枠に捉われず，既存のマーケティングの解釈に対して批判的姿勢を示しつつ，マーケティングを新たに再考すべきことを提案している。つまりマーケティングの「精神性」やマーケティングに対する「種々の問題点」や「技法」などについて，マーケティングの持つ既存の解釈を再考すべきだとしている。その中でも特に「マーケティング・コンセプト」の基本概念が市場の現実を反映しているのかどうかを検討すべきだとしている[*7]。

マーケティング・コンセプトとは一般に、企業活動は顧客を創造し維持することで、マーケティングを企業活動の中心的な機能に位置づける考え方である。コトラーによる定義では「選択した標的市場に対して、競合他社よりも効果的に顧客価値を生み出し、供給し、コミュニケーションすることで企業目標を達成するためのカギとなる[*8]」ことが基本となっている。

ベントンは顧客を軸として、マーケティングが組織機能の全体にまで位置づけされているのに、マーケティングのテクストに見られる典型的な「顧客は神様である」という話術に疑問を呈しており、その言葉自体が、企業の利益追求という第1義的な目的を覆い隠すために、顧客を操作するための手段であり、組織的欲望や利潤追求を偽装する手段である（ベントン）と述べている[*9]。ゴールドマンにおいては、マーケティングというのは企業の利益追求をあからさまに前面に出すことを避ける意味合いを演出する方法として、「顧客志向」という術語を使うのであって、「顧客満足」や「マーケティング・コンセプト」といった、一見、中立的な言語を用いることで、マーケティングこそが社会の発展にとって優位性あるいは有益性のある必要不可欠な役割を担うものとして正当化している面もあるという[*10]。

絶えざる新製品の開発は、マーケティングにとって重要なことである。新製品開発の論理は、正鵠を射た論議として繰り返しなされており、マーケティングにおいては必須の事案となっているが、ムーアマンはそうした考え方に懸念を示している。その懸念というのはおそらくコトラーが指摘したような懸念ではないだろうか。つまり、コトラーは「新製品の失敗率が依然としてきわめて高いという事実に呆然としている。消費財の八〇％、産業財の三〇％が失敗に終わっている事実」を指摘し、しかも、新製品開発プロセスや開発の各段階でクリアすべき問題などについて、素晴らしい理論が紹介されているにもかかわらず、この有り様だと嘆いている。さらに、マーケターが、マーケティングＲＯＥ（投資収益率）や株主価値への貢献度を測定する手法を編み出していないことを指摘している。[*11] しかし、これとて、消費財の二〇％、産業財の七〇％が成功しているなら、利益の源泉であることもまた重要な要素であることも示唆している。

新製品の開発競争は、絶えざる消費需要の喚起と企業による利潤追究、成長至上主義のみである。しかしマーケティング力の強化は、資源枯渇と環境悪化の一途を辿る道である。マーケティングはその悪化に絶えず与していく道具なのである。今や消費者の欲望喚起[*12]や企業の利益至上主義における境界線の線引きをする時代にあるのではないだろうか。

2▼ソーシャル・マーケティングの展望と限界

次に、ソーシャル・マーケティングの問題点あるいは批判を展開することにしたい。ソーシャル・マーケティング（social marketing）というのは、企業の利益追求中心のマーケティング（マネジリアル・マーケティング）に対して、社会とのかかわりを重視するマーケティングの考え方である。ソシエタル・マーケティング（societal marketing）という言葉もあるが、これは企業の社会的影響力を考慮しつつ行う具体的なマーケティング活動をいい、広い意味でソーシャル・マーケティングに含まれることが多い。マーケティング活動において、その技術的知識は顧客中心思想を論究することに余念がない。したがって、ビジネスの分野においてはマーケティング実践の正当性を強調し、マーケティング・ツールや技術は、社会的にも優れた手法であるから、非ビジネス領域にも適用されるべきだとの認識がある。しかし、ムーアマンやルスラ［Rashmi Luthra］、それにディクソン［Donald F. Dixon］、デズモンド［John Desmond］などは、「ソーシャル・マーケティングの道義性」として、マーケティングの技術的領域によって、社会的・行動的変化をもたらすことは、必ずしも健全な発展とは言えないとして異を唱えている。[*13]

その論点として、ソーシャル・マーケティングの考え方は世界中の政府および非政府組織によっても支持され、その公益性が認められてはいるが、その無批判的なマーケティング手法に対して注意を喚起していることである。一例をあげれば「インドにおける家族計画の推進―第三世界における避妊薬としてのソーシャル・マーケティング」（ドラキア：Dholakia）という論文である。冗長ではあるが引用してみたい。それはソーシャル・マーケティングの害悪を示す例である。

「［ソーシャル・マーケティング］……ソーシャル・マーケティングの方法に関連して、潜在的には成功したかに見えたが、多くの問題点を残した……個々のインセンティブ―現金、穀物の袋、トランジスタ、ラジオなど―は精管手術を行うために並んだ男性に提供された……、多くの精管手術のキャンプ場は家族計画機関の当面の目標を達成したが、多くの男性は主に副作用に苛まれた。インセンティブを利用するために、あらゆる男性は女性を妊娠させないようにと、未婚男性も含めて手術を受けたのであった。キャンプは農閑期に設営された。これは農繁期になると非常に忙しい男性の参加を促進させるためであった。なぜ精管手術を行ったのかといえば、所得や貯蓄、食料備蓄など、その村では生活水準が低かったこともあり、お金や食料などを得るための方法として、多くの男性が精管手術に参加したのである。多くの男性は精管手術の内容はわからなかったし、インセンティブの有利さを得るために手術をしたのであった……」[*14]。

こうして行ったソーシャル・マーケティングの手段は明らかに問題であろう。ビジネス実務に関連して発展してきたマーケティング・ツールや技術が適切に行われてきたものかどうかといったことが問題である。マーケティング言説によって支配されてきたマーケティング手法は、植民地において社会的・政治的舞台では相変わらず続けられている。

3▼マーケティング・マネジメントに対する反省

マーケティング・マネジメントとは、企業のマーケティン活動が効果的で効率的に遂行できるように、総合的な観点から管理することである。それは企業側の論理に立った科学的管理論であるといわれる。しかしブロンリー［Douglas Brownlie］、サーレン［Michael Saren］、ハックレー［Christpher

Hackley〕は、マーケティングにマネジメントという科学的管理ないし管理的合理性を導入したことで、マーケティング・マネジメントは規律・訓練的な性格を有することになり、権力／知の遺産、あるいは支配・管理的合理性の特徴を帯びるようになったとして、マーケティング・マネジメントの批判を行っている。[*15] また、マーケティング・マネジメントの教科書にみられるレトリック的な戦略的性質やマーケティングにおける統制管理についても批判を展開している。これは、スケーレン、フゲールおよびヘレッソン共著による *Marketing Discourse : A Critical Perspective*（『マーケティング・ディスコース―批判的視点から』[*16]）と同様のアプローチであり、今後のこうした研究に期待したいところである。もうひとつ特筆すべきなのは、マーケティング・マネジメントは企業側の論理展開であるが、消費者側から考察したホルブルック〔Morris B. Holbrook〕が「ビジネスが消費者に及ぼす有害性」という論文を執筆していることである。これは特に、絶えざる消費者への物質的・精神的（心理的）欲望を膨らます有害性について述べている。

4 ▶消費文化論とマーケティング批判
―フランクフルト学派による批判理論―

消費文化とは、ますます増え続ける商品・サービスが日常生活における大衆消費というインパクトを指す言葉である。こうした新しい文化表現のモードは、物質的に恵まれた生活の新たな表現と快楽主義の定義を勧める兆候であり、そのメッセージは社会生活の構造そのものに浸みこませるほどのイメージを与える。その構造を変容させるための努力は多くの抵抗に遭遇することになるが、伝統的な残骸を疑ってみること、そして一歩踏み込んで批判的な視点を持つことである。[*17]

消費文化の議論において、著名な理論家の多くは消費文化の悪影響を示そうとしてきた。ヴェブレン［Thorstein B.Veblen, 1857-1929］、ガルブレイス［John K. Galbraith, 1908-2006］、パッカード［Vance O. Pachard, 1914-1996］、それにフランクフルト学派である。[*18] リアーズ［Jackson Lears］は「ヴェブレンを超えて、アメリカ消費者文化の再考」と題し、またケルナー［Douglas Kellner］は「批判理論および商品と消費者社会」と題して、マーケティング活動における消費文化の批判を展開している。特にケルナーは大衆文化に関しても、フラクフルト学派に依拠しながらマーケティング批判を展開している。[*19]

ここでは、フランクフルト学派による理論を鳥瞰し、「批判理論」の方法論を見ていきたい。

周知のように、「批判理論」（Critical Theory）は、テオドール・アドルノ［Theodor Ludwig Wiesengund Adorno, 1903-1969］、マックス・ホルクハイマー［Max Horkheimer, 1895-1973］など、フランクフルト学派が展開、発展させた社会哲学である。批判理論は特に伝統的な理論、すなわち、意識の中での事実のあるべき配置や世界についての知識の集積こそが有益なものだとする、いわば既存の因襲的な考え方と一線を画したものである。[*20] 伝統的な理論はまず現にあるものを対象として取り上げ、それを手がかりにして、既存の状況を規定しようとする。伝統的な理論の構築を基盤として、学問、もしくは科学は社会的な分業の部分構造として没価値であり、その成果を、社会を支配する諸方面に引き渡す。

一方、批判理論は、既存の社会的な全体性やその枠組の条件の是非を問いなおすことを目指している。

批判理論には現実としてあるものをより良い方向へと形作り、変えていこうとする強い志向が内在している。[*21]

フランクフルト学派は、実証主義に対しても厳しく一線を画している。実証主義というかなり広い意味で用いられている概念には、二〇世紀の「反形而上学的」な哲学の潮流（実証主義や新実証主義、分析哲学と並んで批判的観念論も含まれる）が包括的に考えられている。

批判理論の歴史・発展は、一九三一年マックス・ホルクハイマーがフランクフルト・アム・マインの社会研究所の所長に就任したときから始まる。批判理論の代表作とされているのは、ホルクハイマーとテオドール・アドルノが一九四四～一九四七年に共同執筆した論文集『啓蒙の弁証法』である。アメリカへの亡命時期、ホルクハイマーとアドルノは、共に権威的性格についての調査研究に携わり、それにより全体主義体制の解明に向けての重要な足がかりを得ることができた。

第二次世界大戦後、ホルクハイマーとアドルノの周辺の研究者たちの仕事が総じてフランクフルト学派と呼ばれるようになる。国家社会主義との対決の経験を通して、批判理論は新たな飛躍を遂げていた。批判理論は世界的な大学紛争が巻き起こった一九六八年代の運動の中で、その開花期を迎えることになる。ホルクハイマー、アドルノらの批判理論は、折に触れて「旧批判理論」と呼ばれるようになり、それに対してユルゲン・ハーバーマス［Jürgen Habermas, 1929］に代表される新しい考え方が「新批判理論」と呼ばれるようになる。

批判理論の主な主張は、経済学、個人の発達、そして文化に対してである。マルクス主義とフロイトの精神分析的な見方を組み合わせて、特に「社会」が批判的に考察されている。この社会は単なる「特定の時代の人間の総体」と捉えられるだけではなく、むしろ個人を圧倒する形でそれに対置し、人の性格や行動の可能性を幅広く、しかも人間が社会の形成に寄与しうる以上に強力な形で形づくるさまざまな「関係」として捉えられている。その際、特別な仲介的役割を果たすことになるのが、家庭における社会化（精神分析的な作用因子としての家庭）ならびに大衆メディア、大衆文化であった。

逆に、資本主義の社会においては、増大していく技術化、科学的な進歩、そこから由来する官僚制によって疎外が進行し、個人の意味が失われている。こうして理性が道具的、合目的的なものに変わっていくなら、啓蒙的な理性は、人間の本質としての世界に対する真の認識に到達することができるであろうと。道具的な理性は、世界と、そして人間を唯一効用の視点から見るものである。人の間の関係は、伝統的な束縛から解放されて初めて、それ自体のものとして見られるようになり、客観化され、そして交換的な関係そのもののみに還元されることができるのである。

さらに、個々人に包括的な社会的統制を行使し、理想主義、新形式主義、慣習、あるいは創造性を個人の性格に対置するものとして抑圧する「全体主義的な管理社会」がある。批判理論は哲学が、来るべき社会でのより良い関係を目指して、社会の中で実践的かつ中心的で、意義あるものであることを強く期待すると。

こうしたフランクフルト学派による、社会哲学からのマーケティング批判も多くの点で、考察すべき価値あるアプローチの対象となる。[*22] つまり「批判理論」を「マーケティング」の分野に援用することで、社会で起こっているさまざまな諸相を分析できるはずである。

▼2▲ マーケティングの批判研究における理論的および経験主義的見解
——第2巻の概要

本節では、タダジュスキーとマクラレン編纂による『マーケティングの批判研究』（全三巻）の中の、第2巻の概要である。それは「マーケティングの批判研究における理論的・実証的視点」のもとで、①批判理論と広告、②マーケティングに関するフェミニズムの立場からの考察、③消費者との主体的行為、から構成されている。以下の内容は2巻の構成に忠実に従うものではないが、なるべくそれにしたがった内容にしている。

1▼批判的研究と管理的研究

すでに見てきたように、マーケティングの批判研究と管理研究はともに異質的な研究であって、一線を画するものである。つまり、管理研究はビジネスでの利益を保証するものであり、批判研究はビジネスの行動や結果・評価の価値観を批判的に考察することである。ラザーズフェルドは批判研究の必要性について次のように述べている。「批判研究はわれわれの時代における社会的トレンドを凌ぐ理論を展開することであって……それはあらゆる行動ないし、その結果が評価されるにしたがって、基本的には人間中心の価値観を構築することであると考えている。第二に、批判研究が必要なのは資本主義が発展する以前にも、個々人が人間性を見失いがちになりつつ多くの宣伝パターンに飲みこまれてしまうからである[*23]」と。別な言葉でいえば、「人間は人間性のもっとも基本的な特徴である自発性や尊厳を見失いがちになりながらも、ますますチェス盤上に歩を進めるように行動してしまう[*24]」からである。独占資本主義を支え、消費者が拒否権を発動することが困難になったのは、このチェス盤のように振る舞わざるを得なくなったからであって、そうした行動パターンを受容することがすこぶる楽しいものでもあったからでもある。その手段としてのメディアこそが、映画や連続メロドラマ、三文版雑誌記事などである[*25]。そうした光景をボーマン［Bauman］は「中毒」と呼ぶほどである[*26]。

ハームズとケルナーも批判研究と管理研究との区別をすることで、構造主義者やポスト構造主義者の広範囲にわたる文献の多様性を評価しつつ、それに対してマーケティングの批判論を展開している。

2▼広告とフェティシズム

フェティシズム（fetishism）とは、「物神崇拝」という意味で、「呪物崇拝」とも言う。もともと労働の生産物である商品や貨幣、資本があたかも独自に運動するかのように見え、それを当然とする意識が生み出されて、人間がそれらに支配されることをいう。マルクスが『資本論』において用いた言葉である。

さて、「広告とニーズおよび商品の物神崇拝」という興味ある論文がある。それは複雑な現代市場における消費者のニーズや購買の意思決定といった問題を「物神崇拝」という視点から考察している。クラインとリース［Stephan Kline and William Leiss］は、こうした研究を雑誌広告や宣伝を通して行っており、ジャーリー［S. Jhally］もテレビ広告宣伝などの検証を通して研究を進めている。[*27] 彼らによると、広告というのは次第に曖昧で抽象的なものとなり、このことが生産者主体は消費者をセグメント化してしまうのではないかと述べている。セグメント化された消費者は、その商品・サービスが本当に自分たちに必要なものなのかどうかを客観的に判断することを困難にさせているともいえるわけで、換言すれば、消費者が自分たちの満足するような別の商品を探し求めるのではないかということである。こうした傾向こそが資本主義の操り人形の証拠ではないか、とも述べている。

われわれは広告・宣伝に触れない日はない。朝から寝るまで四六時中、広告に囲まれて生活している。別な見方をすれば、広告によって洗脳されているわけで、商品選択にしても、広告によって潜在意識が洗脳されてしまい、正しい判断が不可能になっているのが現状である。それこそが広告側にとっては狙いなのである。

さらに、アプルバウムとレヴィ［Kalm Applbaum and Jerome M. Levi］の論文「変わりやすい商品のフェティシズム、コカコーラとテスギィーノの進化」[*28] およびビリング［Michael Billing］の「商品の物神崇拝と抑圧、マルクス、フロイトおよび消費資本主義の心理学的回想」[*29] という二つの論文は、フェテイシズムについての研究である。先に述べたfetishism（物神崇拝）とは、呪物崇拝、物神性ともいい、原始社会での宗教の初期形態であり、自然物・自然現象を崇拝することをいう。原始人は物や現象の本質がわからず、それらには何がしかの超自然的な性質がそなわるとみなし、それらのおかげで自分たちの願望もとげられると考えた。トーテミズムや呪い、まじないとも結びつけられ、現代の宗教にもこの思想が入りこんでいるものもある。

社会科学においても、商品の物神崇拝ということが言われ、その根元や客観的基礎を明らかにしたのがマルクスである。この物神崇拝は、生産が行われるのは私的所有のためであり、それが資本主義において顕著に現れる。これが現れるのは、社会の人々との間の生産上の結びつきが直接的ではなく、市場を通じて、商品の売買を通じて行われること、つまり商品という形態をとることにある。そこは、人びとの結びつきが物の関係や商品の性質を持つことになる。物が支配し、人びとはこれに支配されるという形態が現れる。こうした生産関係の物質的形態、つまり商品の自動的な運動形態によって、人びとがそれに依存するようになる。これが物神崇拝の客観的基礎である。

人びとは、物・商品がその本性上で、実はそれが持ってはいない、何か得体のしれない性質があるように考えていく。このために、人々の間につくられる資本と労働との関係、生産関係が物・商品の関係だとされ、その実際の事実を覆い隠し、資本が労働を搾取している事実を覆い隠す。現れたところでは資本家と労働者との関係は、同じく商品の所有者で、一方は労働力を買い、他方では労働力を売るだけであり、両者は平等で自由なのだという幻想が生みだされる。真に資本家と労働者との関係を規定しているものは、単に商品どうしの関係にすぎないという移し換えのために分からなくなる。これは私的所有のもとでの人々の生産上のつながりが、商品というかたちをとるためである。このように、真の人々の関係が物に帰着されているが、それが消費社会での物神信仰である。ここから、貨幣に対する物神崇拝も現れ、「カネほどありがたいものはない」という貨幣の魔力にとりつかれるようにもなる。[*30] マーケティングと物神崇拝との関係は興味深いテーマである。

ところで、アプルバウムとレヴィは、例えばコークを飲むという行為を促進させたのは、われわれが大企業によって提起されたマーケティング論理の「安易な楽観主義（facile optimism）」にもとづくものであって、その後もずっとわれわれがそれを飲むことによって、幸福に満ち足りた世界を創りだすことに成功したとしている。コークを飲むという行為がどのようにしてマーケティングを介在させることになったのか、それを次のように説明している。

「……コカ・コーラは男性・女性に限らず、仕事やレジャーなどで連想される飲料である。食事以外でもそれは純粋な渇きを癒すものとしても大きな位置を占める。それは祝賀や儀式などの宴でも、特別な出来事の要素として日常生活に溶け込んでいる。アフリカの黒人やアラスカのエスキモーの人々にも飲まれている。また世界中に、七〇年代前半にはコークの歌が謳っているように、「完全な調和」を生み出すものとして、コークは世界の人々を結ぶ一般的な飲料である……」[*31] と。

そこには、暗黙のコミュニケーション、つまりプロモーション戦略が作用している。

それとは対照的に、アプルバウムとレヴィは「*tesguino*」（テスギィーノ─インディアンによって作られるコーン・ビール）の生産と消費を取りあげている。テスギィーノは協同集会所で自由に配られ、労働力と交換されるアルコール飲料である。納屋を建てるときに協同作業に参加する人々は、テスギィーノの消費を分け与えられる。このことはグループの結束を高めはするが、コカ・コーラのような商品をプロモーションするものではない。

このように、マーケティングや広告コミュニケーションの操作には非常に巧妙な仕掛けがある。消費幻想という視点から、われわれはそれらに対して一定の距離を置くべきことを示唆している。

3▼パノプティコン的役割としての広告代理店

ハックレー［Christopher Hackley］の論文、「消費文化における広告代理店のパノプティック（円形監獄的）な役割」[*32]は、フェティシズム（物神崇拝）という点に焦点を合わせることで、新たな視点を提供してくれる。彼は「資本主義に対するポスト・マルクス主義の批判的見解は、フェティシズムとか誤った意識の観念からは遠く隔たっており、それよりもむしろ人間の欲望は広告によって表現されたもの、それこそが商品販売を促進させるものである」と述べている。彼のスタンスはポスト構造主義であり、広告代理店は広告主の商品やサービスを卓越したものに創造しようとして、むしろ文化的な価値を勝ちとっているかのように見える。しかし、広告代理店の幹部はほとんど製品に関するイメージやメッセージを発信することができない、つまり彼らは人気のある文化・知識のバックグラウンドを共有できないでいるのである。したがって広告会社の幹部は、消費者に訴える付加的意味を商品に注入することは不可能である。それにもかかわらず、消費者に対して、より効果的な提案をしようとして、広告代理店の部下に対しては訓練された監視役のような合図を送る。いわばパノプティコン（円形監獄）のイメージを彷彿させるものであると、ハックレーは述べている。

こうしたことはマーケティング・コミュニケーションではよく使われているので、われわれの多くは、広告というものは詭弁を使っているものだと考えているし、ハックレーの広告観によれば、「気分転換や気晴らし」といった類のもの、あるいは時として「迷惑なもの」だとも述べている。そうした広告観を持っているハックレーは次のようにも述べている。「われわれがTiVo（ティーボ―テレビ放送を録画する家庭用ビデオの名前）を使ったり、スカイ・プラス（デジタル衛星放送）、あるいはインターネットでテレビを観ることによって、（迷惑な）広告コマーシャルから回避することはできるが、しかし現在のホットな話題や時代認識（新製品など）の様相を垣間見ることもできる」と一定の理解を示している。

しかし、クローニン［Anne M.Cronin］は、ハックレーの広告観や、広告代理店の解釈について疑問を呈している。つまり、広告研究は消費者行動の「真実」にアプローチするものとして価値があるのであって、広告の調査研究の結果の意味づけだけを誇張して、広告は話題性とか時代認識を表現するものだという考えには賛成できないと述べている。[*33] クローニンは、広告のさまざまな批判などが集中するのは高度に複雑化する競争市場での広告が、広告代理店の立場と広告主との力関係の不均衡によるものなので、専門分野での広告スキルを制度化するような力関係の均衡化（ミッション会社のマーケティングと広告代理店）を推進してお互いの立場を高めるような方法を検討すべきだとしている。

こうすることで、クローニンは広告研究や広告代理店によって生み出される商品価値は、投資家や消費者をも含めてすべての人々に共有化される、いわば「通貨」のように流通するものになるのではないかという。したがって、広告代理店によって開発された広告キャンペーンは「効率的な資本主義的マシンではなく、広告習慣が躊躇しながら反応した結果である」から、マーケターが消費者に対して巧みに操作するといった論調は必要なことではない」[*34]と述べている。

しかし一方では、生産―分配―消費の関係は複雑であり、市場交換において利益を上げることは困難な状況になっているので、マーケターは「製品の寿命を延ばすよう広告キャンペーンなどの努力はするが、同時にわれわれ個人の自律性をそぎ取ってしまうこともあるとの懸念も示している。自律性はこの点で、マーケターの市場調査で集められた情報を使うことで、ますますそぎ取ってしまうこともあって、製品に関する情報提供がその真の内容を含まない、あるいは故意に曖昧な広告を提供するといった場合もあるとも述べている。さらに大規模小売店の勢力が強大になり、さまざまな反グローバリゼーションの動きにも象徴されるように、競争が激化して効果的に管理することが困難になっていることも確かである。

4▼マーケティングに関するフェミニストの批判的見解

女性の学者たちによるマーケティング研究や消費者の行動研究は、時として痛烈な批判論として展開されてきた。特に広告に関する女性の視点からの研究論文による批判も数多く存在している。マーケターによる「搾取論」から「文化的麻薬」としてのマーケティングなど、批判的内容が散見される。こうした女性の視点による批判は一九九〇年代以降、特にマーケティングや消費者研究の内部から出てきたもので、ジェンダー論やマーケティングとの関係にも現れている。[*35]

ここでは特に女性のマーケティング研究者、ブリスターとフィッシャー［Julia M. Bristor and Eileen Fischer］の論文を考察する。それが「フェミニストの思想―消費者研究の暗黙知」と「マーケティング・リレーションシップのレトリックに関するポスト構造主義者、フェミニストの分析」[*36]である。「フェミニストの思想―消費者研究の暗黙知」（一九九三年）の論文において、彼女たちはジェンダーに基づいた消費者研究をさらに一層向上させるのではないかといった内容に挑んでいる。これまでの女性たちによる消費者研究とジェンダーとの取り組みについての反省を込めて、自分たちに優位となるような論理的な経験主義的パラダイムを批判するためにだけジェンダー論を持ち出してきたのではなかったか。そうした疑問を呈することで、彼女たちの分析の矛先は、男性中心の伝統的な考え方を明らかにしつつ、マーケティング理論の重要な考え方がどのような方法で構築せねばならないかをさまざまな方法で考察している。

こうした内容にたって、彼女たちは二つめの論文「マーケティング・リレーションシップのレトリックに関するポスト構造主義者、フェミニストの分析」において、マーケティング言説に埋め込まれた力関係を明らかにするために、女性特有のポスト構造主義のアプローチを採る。結論として、彼女たちはマーケティングにおいては受動的な存在であり、しかも無力な消費者（女性）をそそのかしながら、（男性中心である）マーケターの家父長的な前提で発想されたものであると主張している。さらにフェミニスト論の取り組みは、エコフェミニズムにまで進化することになる。

周知のようにエコフェミニズム（ecofeminism）は、エコロジー運動とフェミニズム運動の概念を併せ持った社会的・経済的な思想や活動の総称である。エコロジカル・フェミニズムとも呼ばれる。エコフェミニズムという言葉が登場したのは一九七四年、フランス人フェミニストのフランソワーズ・デュボンヌが創出したことで知られている。エコフェミニズムは「女性の抑圧と自然破壊に関連がある」と考える思想・運動である。最近は、女性の抑圧と自然破壊のみならず、階級支配・人種差別・動物虐待など、多種多様な不平等も視野に入れてきている。また特にポスト構造主義の影響を受け、「女性」というカテゴリーの本質性も問われるようになった。現在は「第三世界の女性」、「レズビアン女性」などの視点からのエコフェミニズム再考も行われている。代表的なエコフェミニストには、キャロリン・マーチャント、ヴァンダナ・シヴァ、メアリー・メラーらがいる。

マーチャント（一九九四年）はエコフェミニズムを次のように四つに分類している。①リベラル・エコフェミニズム、②カルチュラル・エコフェミニズム、③ソーシャル・エコフェミニズム、④ソーシャリスト・エコフェミニズムである。①は既存の社会経済体制での男女平等と女性の環境運動への参加、②は前近代的な自然、女性（性）の賞賛、③はマレイ・ブクチンの唱えたソーシャル・エコロジーのフェミニスト版で社会経済体制の改革を、④はソーシャリスト・エコロジーのフェミニスト版で、③と同様に社会経済体制の改革をそれぞれ志向する傾向にある。

エコフェミニズムの具体的な運動としては、ノーベル平和賞を受賞したケニアのワンガリ・マータイによる「グリーン・ベルト・ムーブメント」、女性たちが木に抱きついて森林破壊に抵抗したインドの「チプコ運動」などが挙げられる。[*37]

一方、ドブスチャとオザンヌ〔Susan Dobscha and Julie L.Ozanne〕は、「定性的方法論による環境に敏感な女性のエコフェミニスト分析―エコロジー生活を堪能する気儘さ」[*38]で、生態学的に動機づけられた人生を送り、市場に対する正反対の生き方をした女性グループの消費体験を述べている。それによると、女性グループが主張するエコロジーのライフスタイルとしては、公共（消費者庁、consumer agency）がすべきこと、私的な範囲内ですべきこと、両者がともに変革推進者として、慣習や性差、社会制度などを超えて、自由な開放された立ち位置を保っている、として自由な生き方を推奨している。

エコフェミニズムやこうしたドブスチャとオザンヌの論文は、スコット〔Linda Scott〕に言わせると、特に市場に関しての論調については女性の言説は不確かな内容が多く、論争的でもあり問題が多いとして、反市場に対するフェミニストの姿勢を疑問視している。それが「市場フェミニズム―パラダイムシフトのケース」[*39]という論文である。スコットの分析は、フェミニストが女性だけを対象として、商業的な活動や市場システムを批判しており、いわば一時しのぎに市場とフェミニズムの関係を理論化しようとしているだけであると述べている。そうしたフェミニストたちを彼女は「市場フェミニスト」と呼んで罵倒している。

ウィンシップ〔Janice Winship〕もまた、「女性たちのアウトドア派―一九九〇年代における広告、フェミニズム論争」[*40]という論文において、市場／フェミニズムとの関係の微妙な差異に配慮しながら、スコットの立場に呼応して主張を展開している。ウインシップが何度も繰り返し述べていることは、伝統的なフェミニストによって非難されたもののひとつに「広告キャンペーン」があり、それは一九九〇年代後半の「女性パワー」によるものであって、この文脈から捉えると、すべての批判的見解はこの「女性パワー」によって解釈・集約されているといってもよいものばかりである。新しく、そして若い世代に共感できるようなフェミニストというものが、女性らしさ男性らしさという互いの伝統的なフェミニズムの役割を認め合うことが必要なのではないかと提案している。

結局のところ、フェミニストによるマーケティング批判は、女性特有の論理に帰属するものであって、本格的にマーケティングを批判するものは乏しいといわざるを得ない。

5▼行政の役割としての「消費者庁」

自由意思の概念と選択の自由は、新古典主義経済と同様に、西欧社会では民主的なプロセスを経て支えられている。しかし殊、行政の役割としての消費者庁が実際どれほどまでに個々の自由な消費者市場に関与すべきかといったことは、歴史的にも認識されないままになっていることがしばしば議論の対象になってきた。

今でこそ、規制緩和が進むなか消費者の自立が強調され、消費者基本法などの整備が求められているが、それによって消費者行政の役割が減少するわけではない。なぜなら、市場原理に重きを置けば、事業者の市場への参画が容易となり、自由闊達な競争を通じてより安く質の良い商品・サービスが消費者に提供される可能性がある反面、悪質事業者の市場への参入も容易となり、事業者のコンプライアンスの監視も困難となる。そこで、市場での違法行為の監視および違反行為に対する制裁機能の強化が消費者行政には求められている。また、消費者の自立を促す消費者教育や自立が困難な消費者に対する被害の未然防止・被害救済支援等の手立ても行政の役割である。しかし国内においても、消費者政策遂行の役割を十分果たしていないとの批判が多いのも事実である。*41

こうした消費者庁の問題点に関連して、一九三六年に発表されたリンド〔Robert S. Lynd〕の論文「民主主義・第三の階級―消費者」*42を取り上げてみよう。リンドはマーケティングや消費者主権、あるいは商品・サービスの選択的合理性の概念を卓越した分析眼でさまざまな問題を提起しており、その分析は市場の力関係（消費者と事業者間の力関係）の役割を描写するのに役立っている。その一説を紹介すると、「企業というのは消費者の望む要望には応じず、しかも広告代理店は最新の商品について、そのまま消費者に告知することはしない」*43。つまり代理店は「消費者にでっちあげを売りつける機関」であって―それはいみじくも、ミラー〔Miller〕やローズ〔Rose〕、ハックレー〔Hackley〕などによって論述されたものに近い分析内容である。こうした言を述べた理由としてリンド自身は、広告主や企業あるいはマーケターは市場では強力なプレイヤーではないと言わんがためである。しかし、大企業にあっては財政的な資金力を考えてみればわかるように、自由に市場を席捲できるので、大企業は必ずしも消費者が対象ではなく業界の関心を惹く主導的・先導的立場で動いているものだと述べている。

法人企業への抗議に利用される「マーケターによる操作」というテーマは、グラハム〔Laurel

Graham］の「操り人形を超えて―リリアン・ギルブレスの産業心理学と女性による消費者の統治性」[44]という論文で、消費者としての女性のアイデンティティの確立には、社会構造における消費者教育が重要な役割を果たすと述べている。それはリリアン・ギルブレス［Lillian Gilbreth］の産業心理学者としての経歴もさることながら、どのようにしたら消費を活発に、しかも賢くあらねばならないかを考えるだけでなく、女性のニーズを満たすためには、ビジネスに積極的に参加するという心構えを持つことも必要であると述べている。

彼女の説明は、主婦層も含めて多くの女性は、市場における「操り人形」にならないために、消費者教育プログラムを十分に学び、消費者主体としての認識と自覚をもつべきだと主張している。

6▼消費者とTIER（タビストック人間関係研究所）

ハンフリーズ［Ashlee Humphreys］は、『フーコー的な「知の対象」[45]としての消費者』を著して、独特な視点から消費者を対象とした調査を行っている。それはマーケターが消費者を対象に監視しているインターネット技術の利用について詳細に調査していることである。それによると、アマゾン（Amazon.com）は独特の方法で、消費者が望みもしないようなものにまでも「興味・関心」がそそられるように仕向けており、これを「欲しい物リスト」や「クッキー」に用いているのである。こうした活動は、われわれの消費習慣をモニタリングして変更しようとする、いわばパッカードのいう「隠れた説得者」[46]のようであると。それに対してギルブレスは、消費者というのはナルシシズム（自己愛・自己陶酔）的な面があるので、むしろ批判の対象にはならないのではないかと。

ミラーとローズ［Peter Miller and Nikolas Rose］は、「消費者を動かすもの—消費対象の再編成」[*47]という論文において、こうした消費者の行動あるいは消費者の振る舞いを、一定方向に誘導するためのサイトとして、商品類と広告について調査し、ヒューマン・リレーション・タビストック・インスティチュート＝タビストック人間関係研究所（Tavistock Institute of Human Relations：TIHR）を使って調査した。

例えば、チョコレートや、アイスクリーム、トイレット・ペーパーであれ、それらの商品を命名するのは、ＴＩＨＲによって行われた広範囲におよぶ市場調査によって得たデータを使って、それら商品名は心理的にどのように絡みあって認識されているか調査している。この絡み合いこそが消費者による選択と意思決定の行動を認識させているものであると結論づけている。

ＴＩＨＲに所属している研究者の説明によれば、こうした消費者の合理的選択と意思決定、経済学の理論によって仮定されているものよりもはるかに複雑なものであったという。そのためミラーとローズは、消費者を概念化するために「Tavi」で扱われた三つの異なった方法を紹介している。それが精神病者解析手法、社会心理学的視点、合理的な消費者の視点である。

周知のように、タビストック人間関係研究所）は、研究、コンサルティングおよびプロフェッショナル・デベロップメントを行う非営利組織である。タビストック人間関係研究所は、一九四七年九月にタビストック・クリニックのエリオット・ジャックスらによって設立された。英国における精神分析理論の拠点のひとつとしても知られている。精神病理学、臨床心理学の分野で著名なタビストック・クリニックは研究所の母体であり、エリオット・ジャックスは経営学の分野ではグレーシャー計画でも知られている。

ジョン・コールマンらの関連書によるとそれは次のようなものがある。タビストック人間関係研究所は、一九九二年（実質設立年）にイギリスに設立された研究機関であり、タビストック研究所とも呼ぶ。それはＣＦＲ（外交問題評議会）ないしロックフェラー系列の機関であり、ＣＩＡとも協力関係にある。配下に多くの研究所、財団を持ち、アメリカ全体での資産規模は実質的には六〇〇～七〇〇億ドルに達するともいわれている。表向きは、人間管理、心理学等の研究所であるが、実質的にはロックフェラーと彼らに追従するイギリス支配階級のための国際諜報機関である。

最終目的は、英米覇権維持のための国際的な大衆プロパガンダおよび完全な人間の心理コントロールの追求であり、その手段・技術の研究を行って成果を実践することであり、現在に至るまで数多くの各種の大衆洗脳工作の実施に関与しているといわれる。一説では、人間の行動制御も可能な技術を保持しており、それらはすでに諜報活動において実際に応用されているともいわれ、目的のためには反社会的な手段の活用も辞さないとされる。

二〇世紀後半のアメリカ社会文化の急激な変質と、世界各国の地域的文化と政治観念の変質破壊ないしアメリカ化は、同研究所の研究を利用して意図的に促進されたものだという。麻薬や同性愛をファッションとして流行させる作戦にもＣＩＡなどとともに関与しているとされ、世界各国の大衆を音楽、薬物、婚外セックスによって政治的に麻痺させ、体制迎合的に洗脳するという作戦目標は順調に達成されていると。またビートルズに始まる一九六〇年代から一九八〇年代のイギリス製、アメリカ製ポップ・ソングの国際的流行は、同研究の作戦のひとつであったともいわれている。一九九〇年代以降のアメリカ黒人音楽、ファッションの急激な一般大衆への浸透についても関与を疑われるという。[*48]

真偽のほどはわからないが、こうした歴史的なプロパガンダはあながち不可能なことではないであろう。畢竟、マーケティングも現代的な技術操作によって人間を、そして顧客をコントロールしてしまうのではないかとの懸念も拭えない。次に展開するブランド崇拝も心理的コントロールによって操作される術なのかも知れない。

7 ブランドとブランド批判

第2巻の最終稿では、アルビドソン［Adam Arvidsson］のブランド批判に当てられている。彼はハックレーやクローニンと同様に、グラハムとミラーおよびローズ、ハンフリーズなどのそれぞれのマーケティングの見解を明らかにしながら、「ブランドの批判的視点」[*49]という論文において、「ブランドというのは非物質的労働の上に築きあげられ、維持されるものであるという持論を展開するために、最近のマルキシストの理論を援用して、ブランド管理は消費者に上辺だけの権限や優越感を与えることによって作用するものであるけれども、単にそれらは見かけ上の、ある特定の、よく計算されたものにすぎない」という、ブランドにまつわる批判を展開している。

彼は、現代の消費という概念を生産との共同体制、つまりハーレー・ダヴィッドソンやジープなどの展示場のように、ナイキ・タウンとかブランド・フェスティバルといった特別の展示スペースを作りだすことで、非生産的な上辺だけのブランドよりも、現実の生産と消費との関係性がより認識されるのではないかという。それはブランドに付加される権限や優越感を除いた生産者と消費者との単純な関係性のみである。

周知のように、ブランド（brand）とは、ある財やサービスを他の財・サービスと区別するための概念であり、財・サービスに対するあらゆる角度の情報と、それらを伝達するメディア特性、消費者の経験や意思・思想なども加味され、結果として消費者の中に出来上がるイメージの総体でもある。

ブランド名を付して、財やサービスを提供する側の意思を端的に表現するものとしては、文字や図形で具体的に表現された「商標」.を使用することが多いが、狭義には、ファッション分野での高級品イメージのついた一部メーカーおよび商品群を指す場合もある。地域自体やその名称をブランドと考える「地域ブランド」なども提唱されており、その概念は広がりを見せている。

ブランドはもともと、自分の家畜などに焼印を施し、他者の家畜と区別するために行われたものである。商標法で保護されている「ブランド」も同じように、商品を見分けるために製造元が取りつけていた商標やマーク、タグなどの付属物に過ぎない。しかし、その商品が優れていた結果、広く使われるようになるにつれ「商品が良質だ」「使い勝手が良い」等といった判断基準を消費者に連想させるようになった。商品が現すイメージを確立した後は、付属物自体（ブランド自体）が重要な意味を持つようになった。それが時として商品やサービスとかけ離れて独り歩きする場合がある。

現代では、マーケティング分野におけるブランドの価値が注目されており、欧米における企業の買収・合併に際して「ブランド価値」「無形資産」として高く評価されている。ブランドの持つ意味にもさまざまなものがあり、それをいくつかあげてみよう。

ブランドの価値は経済的には、超過収益力として表現される。他社とまったく同一の機能・性能を持つ商品を販売する場合、他社よりも高い値段を付けても売れるなら、それはブランドの信用力に由来する価値である。他社よりも高くできた値段の差額が超過収益力である。

また、会計上のブランド価値は、イギリスで一九八〇年代、サッチャー政権のときに、ブランド価値(Brand Equity)が認められるようになったことから、会計上のブランド価値は、合併の際に「暖簾」として計上される。高いブランド価値を持つ企業は、市場で評価されることで、純資産以上の時価総額を持つことになるが、その差額が「暖簾」である。ただし自社で勝ち取ったブランド力は客観的な経済価値を見積もることができないため、資産(自己創設のれん)として計上することは認められない。

多くの企業が何らかの形で自社のブランド戦略を持っているが、これらの企業を利用するユーザーの同意があって初めて「ブランド」として認知されるため、ブランドのコントロールは非常に困難な作業となる。これらは価格やデザイン、広告戦略、顧客対応など、企業がかかわる行動とステークホルダーすべての総和であるため、純粋な費用の投下だけでは達成しえない。

広告界における最近のブランド広告では、ブランデッド・エンターテインメントが流行している。ブランデッド・エンターテインメントとは、映画、ドラマ、音楽、スポーツなどのエンターテインメント・コンテンツの中に違和感を覚えさせないで、商品やブランドを溶け込ませるという広告宣伝の手法である。この手法は最近、アメリカで盛んに行われているが、日本の広告業界でも二〇〇六年頃から導入が具体的に検討されるようになった。

もうひとつのブランドに関して、企業名そのものをブランド名とする場合が多い。ひとつの企業が高級ブランドと生活に密着した普及品ブランドなど、複数のブランドを展開する場合もある。例えば、トヨタ自動車では一般ブランド名である「トヨタ」と高級ブランドの「レクサス」といった場合である。また同じ製品でも、国によってブランドが異なる場合もある。日本国内ではメルセデスベンツといえば高級車、フェラーリ、ポルシェといえば高級スポーツカーの代表的ブランドであるといった固定観念が他国から見ても非常に強く、そのこだわりは諸外国から見れば異常なほどでもある。

このような大手ブランドの安定性は、ネット社会の影響によりそれほど安定的でない情況にあるともいえる。その一因として、ネット内の評判が株価に直結しやすい状況にあるためであるが、ネット内情報は電子的に架空の複数発言を生成可能にするなどのゴマカシも多いため、社会市民の判断の成熟も、真のブランドが育っているかのバロメータとなる。

ファッション業界におけるブランドは、個性がより求められるため、他業界よりも差別化の価値が高いとされており、いわゆるブランド戦略が成り立ちやすい。高価格・高品質で、そのデザインやコンセプトが賞賛を浴びるプレステージ・ブランドはその好例であろう。またファッションでは商品の品質とは別に、「どこで買ったか」も重要な要素となる。そのため商品価格とブランド価値は必ずしも一致するとは限らない。例えば、質が同程度の商品がA店（低価格が売り）とB店（おしゃれなことで定評がある）で売っていれば、消費者は例え低所得層であっても、B店を選ぶ傾向がある。「家電製品と衣類は違う」のである。結果として、品質が安物であっても宣伝などに成功すれば、人気が出て有名ブランドとなる事例もある。

昨今のアパレル系企業においては、商業的な手法で次々とブランドを立ち上げ、売上次第で、いとも簡単にコンセプト変更・切り捨てが行われる手法が存在するのは、前述の事例とも無関係とはいえない。

最後に、「人気ブランド」という呼称である。「人気」とは世間の評判のことで、人気ブランドとは、世間の評判の高いブランドのことである。また、「人気のある高級ブランド」の意味で使われることがある。高級ブランドの多くは王族貴族など特権的地位にある人々が一品ものを高値で購入していたことからその価値が高まっていった。

しかし、現代のような大衆化社会になるに従って、一般大衆に広く販売することが求められるようになってきた。大衆経済社会では、高級ブランドが従来のように特権階級のためだけの存在であることは、企業の衰退、あるいはブランドの死を意味する。そのため、現代社会に生きながらえている「高級ブランド」という一群は、単に高級であるだけでなく、「広く大衆から高級であると認知されること」を自らが継続的に訴える努力を行うようになった。つまり、販売対象を実質的には大衆に拡大しながらも、貴族的価値観あるいは高額であることを納得させられるだけの理由など、「なぜ高級か」を説得するための価値観をブランドに込め、継続的に訴求するようになった。こうして大衆的な販売層に対して、高額商品でありながらも世間の憧れの的となりえたブランドも「人気高級ブランド」と呼ばれることがあり、バンドワゴン効果となって現れる。

人気ブランドとなったブランドはその大衆化や日常化のために、陳腐化によるブランド価値の低下とのバランスをどのように図るかが課題となる。特に希少性を訴えるものであればあるほど、そのバランスが難しい。そのため企業経営の安定を目的として、主要なブランド名とは異なるサブブランドあるいは別ブランドでの展開を含めた総合的な戦略が採られることも多い。グローバル経済におけるブランドは国を超えて売買されており、実態としてはブランドがある特定の国に従属するものではなくなってきている。[*50]

このように、ブランドおよびブランド批判、それに近年のブランド動向を記述してきたわけであるが、ブランドというのはマーケティング・ツールであり、市場にいかにアプローチするかといった方法論の一種である。ブランド戦略というのもある意味では、消費者の階級的身分制度を心理的に利用した巧妙な戦略の一種である。現状のマーケティングにとって考えるべき対象はブランドそのものよりも「顧客の変化」であろう。

8▼顧客の変化—ブランド化とコモディティ化

一方、記述した、「顧客の変化」と併せて、市場の変化の中で見逃してはならないのは「コモディティ化」（commoditization/commodification）である。つまり、商品の差別的特性である機能、品質、ブランド力などが失われ、主に価格あるいは量を判断基準にして売買が行われるようになっていることである。それは一般的に商品価格の下落を招くことが多く、高価な商品が低価格化、普及品化を招来することである。

特別な技術を持つ製造業が、やがては製造技術の普及とともに他社製品の機能向上、あるいは製品の規格化、標準化、モジュール化などによって、多くの製造業でも製造可能となり、機能や品質の面で差のない製品が市場に数多く投入されることになる。こうなると顧客は価格や買いやすさを求めることになる。こうした状態のことをコモディティ化という。換言すれば「どの会社のものを買っても同じ」という状態である。こうした傾向は昨今の特徴でもある。一般にコモディティ化が起こりやすいのは、機能や品質が向上してどの製品・サービスでも顧客要求を満たすようになり、さまざまな面で参入障壁が低く、さらに安定した売上が期待できる市場においてである。このようなコモディティ化は絶えずいろいろな市場で見られ、ＩＴなど各種ハイテク産業でも、技術の普遍化・汎用化が指摘されている。

コモディティ化が起こると、競争激化によって価格が下落し、企業収益が悪化する。これに対して企業はさまざまな努力が求められる。そのひとつが「ブランド化」である。ネーミングやパッケージングなどのマーケティング活動により差別化を図るものである。

米国ハーバード大学ビジネススクールのクレイトン・Ｍ・クリステンセン［Clayton M. Christensen］は「大半の商品ではコモディティ化やモジュール化が起こると、これを契機としてバリューチェーンのどこかで『脱コモディティ化』のプロセスが生じる」[*51]と述べている。これは製品の性能競争が終わると、「すぐに手に入る」「故障時の対応がよい」など、デリバリーやアフターサービスのプロセスで差別化が起こるようになるという指摘である。「フェアトレードマーケティング」（製造者から搾取することなく、適正な価格で購入する）が唱えられたり、マーケティング業界で注目されている「倫理的で正義のある消費」といった「エシカル消費」（ethical consumtion）なども提起されている。しかし、「コモディティ化」が進むと、他の企業との差別化や戦略転換などで、新たな差別的ブランド化、差別的アフターサービス化が進み、「エシカル消費」を謳ったグリーン・ウォッシング化など、さまざまな展開がなされることになる。これらについては、第三分冊（終冊）の「マーケティング―倫理学と一般社会―批判的意見」において展開することにしたい。

▼3▲ マーケティング倫理および社会的諸相―第3巻の概要

本節は、タダジュスキーとマクラレン編纂による『マーケティングの批判研究』、第3巻「マーケティング倫理および社会的諸相―批判的考察」の概要である。その構成は、①消費者選択の形成、②自由な開放的消費者、③マーケティングとグローバルな社会的正義、④マーケティング倫理から成っている。

ところで、マーケティングは「売れるための仕組み作り」を標榜するものとはいえ、その手法たるや非難や批判されるべき境界ギリギリのところの手法が闊歩している。

最近では、ステルス・マーケティング（アンダーカバー・マーケティングとも呼ばれる）[*52]やバイラル・マーケティング、[*53]アストロターフィング[*54]といった商業宣伝手法など、モラルの観点からしばしば消費者団体などから非難や批判を受けることが多くなっているものもある。いわゆるハレーション現象を惹起している可能性がある。

また、マーケティング戦略において重要な「新たな市場創造」や「価値創造」といった概念や商品開発における新しい「顧客の創造」も重要な要素ではあるが、しかし最近では、新商品を作って売れるように顧客誘導するような、新たな市場を創り、ますます企業の論理に従属させられてしまっている。つまり、企業によって顧客が支配・管理されてしまっている側面が強くなっている傾向にある。特に「健康」や「衛生」、そして「ダイエット」をキーワードにした市場を創造し、それに見合った商品を開発し、新たな市場を創りだすことで、消費者のニーズを満たすどころか、ニーズを新たに創りだすといった「蹂躙」（統治性）に対して、われわれ消費者は次から次への洪水のようなそうした商品の広告や宣伝から、真に自由な存在になることができるのだろうか。新たに創られる市場からわれわれは解放されるのだろうか。こうした問題を倫理的な問題として考えることも必要であろう。

こうした商業宣伝手法などには、モラルの観点からしばしば消費者団体などから非難や批判を受けることが多くなっているものもある。

さて、本論に戻ろう。次項は「マーケティングと倫理と社会環境―批判的考察」をベースにして、マーケティングの批判研究の視点とアプローチを試みたものである。

1 消費者選択の形成

著名な批評家であり、ポストモダンマーケティング学者であるフィラット［Firat］は、われわれ消費者の商品・サービスの選択がどのようにしてマクロな環境に影響されるのか—それは必ずしもはっきりと理解できるものではなく、容易に分析されうるものでもないが—を研究している。その研究というのは合衆国のように、市場経済が非常に発展している国では、消費者の「選択」が、ある特定の商品だけになぜ傾いて広く普及するようになったのかという研究である。それは「消費のための利用可能な代替構造—structure of available alternatives for consumption（SAAC）」にあるのではないかという仮説を立て、それを明らかにするためにフィラットは「消費パターンの社会構造—マクロ的な消費現象を認識すること」[*55]を試み、一九七〇年代後半から、自らの研究や他の著者たちの論文等、広範に及ぶ研究の調査結果を説明している。結論として、彼の分析は消費「選択」のパターンは社会のさまざまな諸関係によって構造化された評価からなっているものであると述べている[*56]。次ページの図はその諸関係である。図に示すように、SAACには同型同質の商品群が製品のライフサイクルに見られる「成長期」に、他のメーカーも生産・販売など市場に参入し、広告・宣伝活動によって、「消費者の選好構造」、「知覚認知」され、いわば流行（はやり）商品が形成される。市場経済が発展している国では「有効需要」に裏づけられた「購買力」が旺盛で、社会構造そのものがマーケティングを後押ししている構造だと見ている。

こうした社会構造はマーケティング力が浸透した結果の「消費パターン」であり、それは「生産手段」や「生産様式&生産技術」などの影響力が基盤にあるといえる。そのためには資源の確保と配分が欠かせないことになる。

ゲア〔Ger〕とベルク〔Belk〕の研究[*57]は、物質主義（materialism）がなぜグローバルに広がっているのかを明らかにすべく、四つの文化（西欧、ルーマニア、トルコ、アメリカ）を中心に消費者のライフスタイルを調査して、マクロ的情況からミクロ的情況への変化を探っている。彼らの研究成果は、精神主義よりも物質主義が世界を席捲し、ほとんどの情報

〈構造化された消費パターンの理論的フレームワーク〉

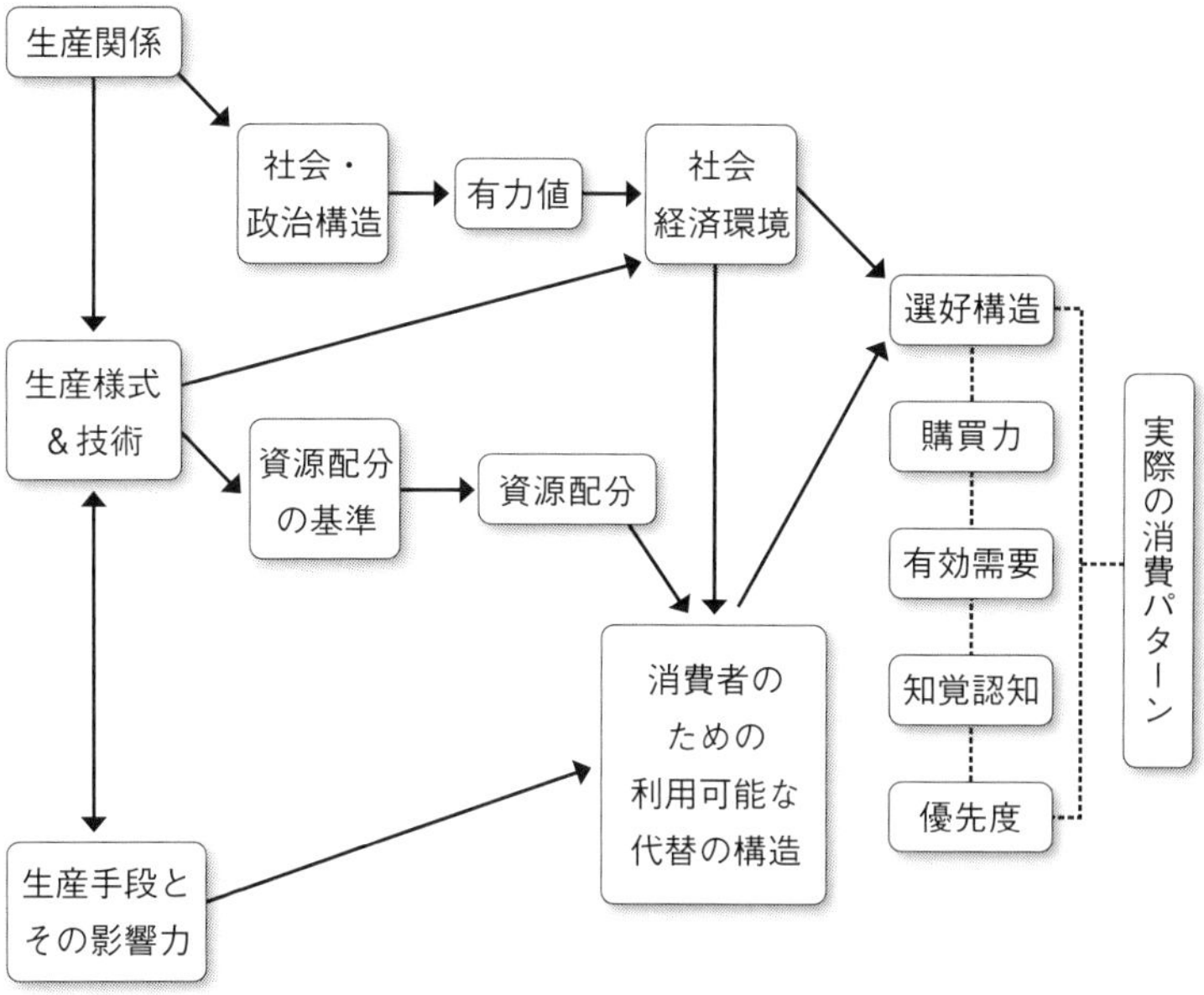

出所：A. Fuat Firat,"The Social Construction of Consumption Paterns: Understanding Macro Consumption Phenomina"(in Tadajewski & Maclaran (eds.), *Critical Marketing Studies*, Vol.3, 2009,.p.12).

提供者も、物質主義者のライフスタイルに憧れていることを調査によって明らかにした。こうした物質主義的消費者は、独自の文化的な環境に依拠しながらも、物質主義がとうてい自分たちの自制に及ばないものであり、自分たちの住んでいたマクロ文化的環境の関数である物質主義という圧力の結果であることに言及している。おそらくこのような見解は、言葉を換えていえば、グローバル消費は「衒示的消費」を拡散するものであろう。

ホルト［Holt］[*58]は、「消費パターン」という言質に疑問を抱きつつも、その伝統的な役割構造から個人の自由を尊重するポストモダン理論家までを対比して、一般的な消費パターンというものは、時代ごとの社会階級を反映しているものかどうかについて問うている。ホルトは、アメリカの社会歴史的文脈を説明するために、ブルデューの文化資本の理論に加筆・修正しながら、その当時のアメリカとグローバル化された消費慣習の違いにもとづいた文化資本の連続的流行の諸相を明らかにしている。

一方、消費者選択および消費傾向、消費習慣などが文化的価値を分析した人物として、ピエール・ブルデュー［Pierre Bourdieu, 1930-2002］がいる。彼は、フランスの社会学者で、コレージュ・ド・フランス名誉教授である。哲学から文学理論、社会学、人類学など研究分野は幅広い。著書『ディスタンクシオン』（*Distinction*）が有名である。文化資本や社会関係資本、象徴資本といった概念で知られる。ディスタンクシオンとは、ひと言でいえば「文化的洗練を通して他者と差異化を図ること」の意である。「卓越化」、「超越化」、「区別立て」、「差異化」などと訳されることもある。

ブルデューは、当時フランスの諸階級に対して文化的嗜好に関する調査を行った。その結果、上流階級と民衆階級の差異が明らかになった。彼は上流階級成員の文化的趣向の在り方に着目する。上流階級の成員は、生活維持に密着した問題から相対的に解放されており、より審美的な観点から物事を観察する傾向を持つ。それは「下の階級の成員との差異化」と「上流階級の成員との同一化」という欲望を反映したものである。

こうした志向が芸術的洗練という形で表出して上流階級の文化資本を構成し、さらに生産がなされ世代間で受け継いでいく。つまり、他者から自分を区別し、選民的価値観を安定させるというディスタンクシオンの作用が、階級分化と既成階級構造の維持の基本原理となるのである。注意すべきことは、ディスタンクシオンは文化的趣向の誇示という意図的な行為ではなく、あくまで無意識的な性向ハビトゥス（habitus）による行為であるという点である。

晩年は新自由主義やグローバリゼーションを批判し、一九九五年のフランスのストライキでは、失業者、ホームレス、不法移民を支援したほか、積極的に政治的な発言をした。新自由主義を批判した著書は数カ国語に翻訳され、ヨーロッパ、米国、南米での反グローバリゼーション運動に影響を与えたことでも有名である。*59

ヴァーマン［Varman］とカッピアラス［Kappiarath］*60は、インド社会のなかで、ある特定のグループがどのようにして、西側先進国から流行ものを持ち帰って模倣したり、あるいは流布できたのかという視点から分析している。それによると、彼らは先進国市場に圧倒され、そうした環境に直面しつつも、その雰囲気に呑み込まれて迎合せざるを得ない状況にならざるを得なかったということを明らかにしている。そのグループは、実は政府の役人たちで階級的な権限が与えられている人物であり、彼らは比較的に高学歴であることなどが影響し、こうした彼らの流行イノベーター（革新的採用者）あるいはアーリーアダプター（初期少数採用者）としてオピニオンリーダーとなり、トリクルダウンとして広く一般に認識されるようになるからである、と述べている。

いわば、先進国の洗練された生活様式を模倣することによって、ブルデューのいう先進国の「文化的洗練を通して他者と差異化を図ること」がインド社会にも伝播する手段となりえるのである。こうした見解はどこの国にも適用可能であり、グローバリゼーションはそれを増幅させる手段でもある。

2 開放的消費

この節では、マーケティングの役割がますます開放的消費を助長する問題として「マーケティングと消費者研究」の論文を引用してみよう。フィラットとヴァンカテシュ［Venkatesh］[*61]は、ポストモダンな考え方、つまり消費者を何らかの基準で分類し、その共通する特性を抽出して基準化する方法を批判し、現代の消費者の概念を覆している。彼らは、「社会構造と消費パターン」の変化こそが開放的消費を促しているのではないかと述べている。つまり現代の消費者は、伝統的な慣習や束縛・拘束力から解放（例えばジェンダーや階級、民族）されて、さまざまな面で主体的地位を獲得している、と。

フィラットとヴァンカテシュに言わせると、老若男女ともに市場のサイン（ある意味をもった記号）やシンボル（表象ないし直観的知覚）を創造して、遊び心をもった創造力豊かな消費者である。そういう意味で、現代の消費者は一般的には「開放的消費者」である。しかし贅沢のできる裕福な消費者もいれば、貧しい余裕のない消費者もいることも忘れてはならないと。

一方、貧困の消費者グループについて、ヒル［Hill］とステイミー［Stamey］[*62]は、「ポストモダンの消費者観―ホームレスの生活スタイル―」から、彼ら貧困者グループの生活観を探っている。彼らによると、貧困の消費者グループの生活環境は、前述した「解放された主体的立場」というよりも、どうしたら生き残っていけるかという主体的な適応力なのであると。

また、前ページで触れたインド社会の描写について、ヴァーマン［Varman］とバイカス［Vikas］[*63]は、「自由と消費―資本主義社会のサバルタン（下位消費者層）を抑圧させているものは何か―」という論文で、「インドではなぜ、未だにエリートだけが開放的消費者を謳歌できるのだろうか」という問題を提起して、富裕な消費者と貧しい消費者の様相を説明している。結論をいえば、生産が消費と切り離されて消費だけが先鋭化したからであると述べている。つまり彼らの、下位層の消費者に関する研究によると、生産現場では隷属させられ、安い賃金による自給自足のレベルにあって、彼らはほとんど無力化に等しいのである。したがって、消費の分野でも「不自由」な消費者なのであると結論づけている。

同じテーマをさらに深めた研究が、ロススタイン［Rothstein］[*64]である。彼女は「疎外された消費者の生産―消費の関連性および重要性」を研究し、「消費というものがはたしてグローバルの牽引力であるという説が事実なのかどうか」にチャレンジしている。彼女の研究スタイルは、唯物論（物質主義）的フェミニストの立場から、社会・政治的構造の特質を研究したのである。結論として、疎外された下位層の消費パターンは「メキシコ農村部の共同体的民族誌研究で得たような、衣服製造のフレキシブル生産方式」が根本的な原因なのではないかと指摘している。

3 マーケティングとグローバルな社会正義

本節でとりあげる論文は、マーケティングの役割がグローバル経済と社会の変化によって生産と消費にどのような影響を及ぼすかについて、否定的および肯定的見解を取り上げている。

クライン［Klein］とネイソン［Nasson］[*65]の論文は、政治・経済・社会および生態学的な環境などを関連させ、マーケティング活動がそれらに対して与える否定的および肯定的インパクトをマクロ・マーケティングのあらゆる視点から研究している。マクロ・マーケティングの視点とは、ボエーム［Bohm］やブレイ［Brei］[*66]が示した「南米のパルプ・製紙産業」のような批判ではない。彼らが提示したマクロ・マーケティングの視点というのは、マーケティング活動を批判的なレンズをとおすことで、問題提起にもなるし、実際のグローバル環境下で今まで見えてなかったことも明らかになるのではないかということである。[*67]

サラ・リヨン［Sarah Lyon］[*68]は、キルボーン［Kilbourne］その他の研究者によってなされたマクロ・マーケティングの批判研究[*69]を参考にしながら、「マーケティングがグアテマラにおける小規模生産者の経済的・政治的状況にいかなる影響を与えるか」という調査研究をしている。両者ともに「生産と消費」というテーマを扱っているが、特にリョンはフェアトレードの研究に費やしており、その中で「分配」

に関するアプローチでは無力化した労働者と生産者の観念や考え方が諦めの境地にあることを描いている。それは従来のマーケティング・コンセプトに見られる主流派のマーケティング論理をひっくり返すほどのものであった。フェアトレードは「発展途上国」の脆弱な生産者、そして販売代理店、最終消費者との交換関係によって、相互に利益を均等化することを意図したものである。彼女によれば、従来のマーケティング活動の発想では発展途上国の生産による搾取や人権問題にも影響を及ぼすものであると結論づけている。

リョンとはまったく対照的に、コンカ［Conca］[*70]はマーケティングの役割は多くの点で何ら害のないものと見ている。彼は「消費やグローバル環境の退廃を嘆いている論者を対象に、彼らの考え方は間違った対立へ導いている」として批判している。その批判というのは「豊かな過剰消費の（グローバルでの）北半球と貧しい低消費国である南半球という対立を煽っている」と。彼の主張は経済のグローバル化を進めることによって、疎外されつつあるさまざまな人種からなる「持続可能性のある中間層」の存在で、この中間層は推定で三三億人がおり、世界中のさまざまな地域で、彼らは消費社会とは無縁のまま小さなコミュニティ社会を作って自立したり、また極貧のなかで生きていくこともできない人々から構成されている。したがって経済のグローバル化は彼らに光明をもたらすものであると。

一方、ボエーム［Bohm］とブレイ［Brei］は、コンカの議論に対して「中間層の人々がいかに圧迫されているか」を痛烈に批判している。その批判とはマーケティングの役割を「開発の覇権」という言葉で表現していることである。彼らの主張は、汚染産業のひとつである紙パルプ産業への行動・指針に対し、グラムシの視点を適用することで、マーケティング言説は開発を通していかに土地の破壊を正当化してきたか、いかに抵抗勢力を黙らせてきたかという指摘をしている。その過程で、南米の多くの小作農たちは破壊され、先住民は避難を余儀なくされて開発された町の住居に強制されている。こうした例は、マーケティングがいかにグローバルな社会的不公平を増長しているかを示している好例であろうと。

4 マーケティング倫理

マーケティング倫理という分野は、マーケティング活動の行われているグローバル環境のもとでは、急速に重要視されてはいるがますます複雑になってもいる。ここに取り上げた二つの論文は、マーケティング倫理研究の基本となるべき内容にあえてチャレンジしているもので、それはマーケティング理論と実践とのギャップを中心とするものである。

トンプソン［Thompson］[*71] は、一般的な倫理原則の価値観をマーケティング倫理に適用して文脈主義的（contextualist）アプローチを試みている。彼によると、抽象的な倫理的意見や見解を述べるには簡単ではあるが、さまざまな諸影響を軽視してしまう傾向があり、それがかえって倫理的ジレンマに陥り、解決の方向性に違った影響を及ぼすことになってしまうことになりかねない。したがって、多くの異なった方法で倫理的問題を扱わなければならない。それは「視点の多様性という問題意識であって、利害関係者の双方の利益を認識することも必要である」ということである。

一方ニル［Nill］[*72] はトンプソンとは異なる方法ではあるが、「国際市場におけるビジネス慣習や倫理的規範は失敗した」として、マーケティング倫理モデルを批判し、彼は新たに「異文化間」という概念を設定した。しかしこの異文化という概念を導入したとしても、倫理的な意思決定という複雑な性質が横たわっているので難しい問題であることも示唆している。トンプソンの文脈主義的アプローチと同様に、ニルの相互理解的（communiticave）アプローチも、ハーバマス［Hebermas］[*73]やアーペル［Aope l］[*74]の研究に負うものであって、倫理的問題として扱うには、調和（両立）しうる共通理解を得るための意見交換（対話）が重要であると強調している。しかしニル自身も認めているように、「共通理解のための意見交換」の議論は非常に難しく複雑であり、非現実的でもある。したがってわれわれは、「倫理的な緊張感を孕んだ意見交換（対話）である以上は形式的な方法で解決するなどといった期待感は持つべきではなく、相互理解的なアプローチを根底に、どうしたら企業の倫理的責任を持って相互理解に寄与することができるかという視点を見出すことが必要である」と述べている。

以上のように、マーケティング倫理は今や企業と消費者、さらにグローバル環境における国と国の問題、国境を越えた企業間の問題として多岐にわたる。今後、マーケティング倫理に期待すべきことは、マーケティングの批判研究についての議論を深めて、相互理解の議論をさらに究めていく価値があろう。

最後に、モニエソンは［Monieson］[*75]は、企業と消費者の問題について次のように指摘している。「企業は消費者に対し、商品やサービスを正しく認識させないまま、広告・宣伝等を通して消費者の欲望を操作し、その内面を無意識に膨らませてきた。マーケティング研究者もそれに加担してきた面も否めない。マーケティングマネージャーは、マーケティングの入門書で見つけた実務に従って行動するのみで、広告の管理職も独創的な、あるいはアカウント・プランナー（広告の表現制作や調査の両方に通じるプランナー）もすることはない。そうした諸状況の批判的見解を企業側サイドに立った関係者に言ったところで過小評価されるのが関の山である。[*76] われわれが認識している批判的精神には、消費者自身が賢い消費者になることも必要であるが、企業自身が批判的側面を打ち消す努力をしなければならないであろう。[*77] このことは、なぜマーケティングの批判研究が社会的なエトスとして多元的でなければならないかを示唆している。つまり、マーケティングは一定のベクトルで限定されてしまっている現状を打破し、社会に多大な影響を及ぼすマーケティング活動の理論的資産を再考することが必要である。

4 本章を終えるにあたって

昨今、マーケティングの研究対象において、さまざまな問題が提起されている。消費者行動、消費者選択、グローバリゼーションの流れに伴うマーケティングのあり方や倫理的な問題、マーケティングにおける企業の社会的責任と倫理的問題など多岐にわたる。特にグローバル化の流れは止めることは不可能であるが、しかし自国の国家主義を超えてグローバル市場を統合化しようとしたり、ないしは利益追究を求め、人種、宗教、文化等を超越して経営資源やマーケティング戦略を前面に押し出すことなど、有機的に統合しようとすると反発に遭うことは避けられない。したがって、倫理的な面ばかりでなく、民族や国家間の政治、経済、ビジネスの信頼関係や、宗教・文化・歴史などの相互理解が十分に行われる必要があることは言を俟たない。

しかし最近の傾向として、マーケティングの論法は市場獲得のための「新たな市場創造」や「価値創造」を求めるあまり、それに適応した新製品を創造し、利益を獲得しようとする、飽くなき従来の価値観にのっとったマーケティング戦略である。それによって、類似品が多く現れ、製品差別化の程度が低くなり、結果として「コモディティ化」される。こういったコモディティ化を回避するための企業戦略としては、付加価値の付与による多機能化などの差別化戦略が考えられるが、過剰に機能を追加しても過剰性能で消費者にアピールできない場合もあり、ブランドイメージ戦略も各々のメーカーが同程度の力を注いでいる場合は並列化するまでの時間稼ぎにしかならず、差別化戦略にも限界があり、しかも生産技術も標準化されてしまう。

したがって、利益を上げるためには、ますます生産コストの安い途上国で生産を拡大し、コスト低下でさらに利益を上げて、優位性を保持しようとする。そこでもっとも大切なことは本文でも指摘したように信頼関係と相互理解、そして企業における倫理的なマーケティング戦略ということになる。

マーケティングにおいても、マーケティング倫理の世界と相まって、さまざまな問題に対するアプローチとして、ハーバーマスの「コミュニケーション的行為の理論」の再考や、アーペルの主張するコミュニケーションに関する超越論的でプラグマティズムに基づく「コミュニケーション理論」の再構築が必要なときであろう。

＊注

1 Mark Tadajewski and Pauline Maclaran（eds.）, *Critical Marketing Studies, Volume 1 : The Development of Critical Perspectives in Marketing*, Sarge Library in Marketing Series, 2009.

2 Mark Tadajewski and Pauline Maclaran（eds.）, *Critical Marketing Studies, Volume 2 : Theoretical and Empirical Perspectives in Critical Marketing Studies*, 2009.

3 Mark Tadajewski and Pauline Maclaran（eds.）, *Critical Marketing Studies, Volume 3 : Marketing Ethics and Ethical Considerations on Social Various Aspects*, 2009.

4 ベントン（Raymond Benton, Jr）：米国ロヨラ大学シカゴ、マーケティング教授。

5 モーガン（Glenn Morgan）：英国ウォーリック大学 ビジネス・スクール、組織行動論や国際経済学の教授。

6 ムーアマン（Christine Moormann）：米国デューク大学ビジネススクール、フーガ校、マーケティング教授でＡＭＡに貢献し、ポール・D.コンバース賞などを受賞。

7 Tadajewski & Maclaran, *op.cit.*, Vol. 1., p.3.

8 Philip Kotler『コトラーのマーケティング・マネジメント』恩蔵直人訳、ピアソン・エジュケーション、二〇〇一年。

9 Tadajewski & Maclaran, *op.cit.*,Vol. 1, pp.xxi-xxii.

10 *Ibid.*, p.xxii.

11 Philip Kotler, *Philip Kotler's FAQ's on Marketing*, 2004. 木村達也監訳・有賀裕子訳『コトラーのマーケティング講義』ダイヤモンド社、二〇〇四年、四二頁。

12 ロバート・スキデルスキーは、「従来は慣習や宗教が『欲望』という貪欲を抑えてきたが、資本主義はその縛りを取り払い、次の四通りの方法（これらは互いに関連する）で貪欲を燃え上がらせた」として、「第一に企業は資本主義の競争原理に駆り立てられ、人々の欲望を操作して新たな市場を開拓する。第二に、資本主義は地位競争の範囲を拡大する。第三に、自由市場資本主義のイデオロギーは、ある程度のお金があれば『もう十分』だとする考え方に一貫して敵対的である。そして第四に、資本主義は万事をお金に換算することによって貪欲を助長する」と述べている（*How Much Is Enough？* by Robert Skidelski and Edward Skidelski , 2012. 村井章子訳『じゅうぶん豊かで、貧しい社会―理念なき資本主義の末路』筑摩書房、二〇一四年）。

13 Tadajewski & Maclaran, *op.cit.*, Vol.1, pp.xxiii.

14 Dholakia & Dholakia, 2001, in *ibid.*, pp.xxiii-pp.xxiv.

15 *Ibid.*, pp.xxii-xxiii.

16 P．スケーレン、M．フゲール、M．ヘレッソン『マーケティング・ディスコース―批判的視点から』折笠和文訳、学文社、二〇一〇年。

17 Tadajewski & Maclaran, *op.cit.*, Vol.1, pp.xxv.

18 *Ibid.*, pp.xxv-xxvi.

19 *Ibid.*, xxvi.

20 *Ibid.*, p.xxvii.

21 以上、http://ja.wikipedia.org/wikiより順不同引用。

22 フランクフルト学派の全体像ならびにその展開については、徳永恂著『フランクフルト学派の展開』新曜社、二〇〇二年）を参照されたい。

23 P.F. Lazarsfeld., "Remarks on Administrative and Critical Communications Research", *Studies on Philosophy and Social Science*, 9：2-16, 1941. 当文献は、Tadajewski & Maclaran, *op.cit.*,Vol. 1, pp.xxviii. に所収。

24 *Ibid.*, p. 12.

25 E. Fromm, *The Fear of Freedom*, London: Routledge, 1972 ; 2001, p.97.から参照のこと（Tadajewski & Maclaran, *op.cit.*,Vol. 1, pp.xxviii.に所収）。

26 Z. Bauman, "Consuming Life", *Journal of Consumer Culture*, I (1) : 25, 2001（in Tadajewski & Maclaran, *op.cit.*,Vol. 1, pp.xxviii）.

27 Tadajewski & Maclaran, *op.cit.*,Vol. 2, pp.xxviii–xxix.

28 Kalman Applbaum and Jerome M. Levi, "Fluid Signs of Commodity Fetishism: The Cosmologies of Coca-Cola and *Tesguino*, "N.Dannhaeuser and C. Werner（ed）, *Anthropologies Perspectives on Economic Development and Integration*, Vol.22, pp.283-298（in , *ibid.*, p.xxix）.

29 *Ibid.*, p.xxvii.

30 森宏一編『哲学辞典 増補版』青木書店、一九八一年。

31 P. Falk, "Coke is It !" *Cambridge Anthropology*, 15(1): 46–55, 1991; S. Kline. "The Play of the Market: On the Internationalization of Children's Culture", *Theory, Culture & Society*, 12: 121,（in Tadajewski & Maclaran, *op.cit.*, Vol.2, p.xxix）.

32 Christopher Hackley, "The Panoptic Role of Advertising Agencies in the Production of Consumer Culture, Consumption", *Markets and Culture*, Vol.5, No.3, 2002, pp.211–229（in *ibid.*, p.xxx）.

33 Anne M. Cronin, "Currencies of Commercial Exchange: Advertising Agencies and the Promotional Imperative". *Journal of Consumer Culture*. Vol.4, No.3, 2004, pp.339–360（in *ibid.*, p.xxx）.

34 Tadajewski & Maclaran, *op.cit.*, Vol 2, p.xxxi.

35 E.C. Hirschman,"Ideology in Consumer Research, 1980 and 1990: A Marxist and Feminist Critique", *Journal of Consumer Research* 19(4): 537–555, 1993（in Tadajewski and Maclaran, *ibid.*, p.xxxi）.

36 Julia M. Bristor and Eileen Fischer, "Feminist Thought: Implications for Consulner Research", *Journal of*

Consumer Research, Vol.19, March 1993, pp.518-536. および Eileen Fischer and Julia M. Bristor, A Feminist Poststructualist Analysis of the Rhetoric of Marketing Relationships, *International Journal of Research in Marketing*, Vol.11. No.4, 1994, pp.317-331（in *ibid*., p.xxxii）.

37 「エコロジーと女性」の諸事情については、森岡正博著「エコロジーと女性―エコフェミニズム」（小原秀雄監修『環境思想の系譜・3』東海大学出版会、一九九五年、一五二～一六二頁）を参照。

38 Susan Dobscha and Julie L. Ozanne, "An Ecofeminist Analysis of Environmentally Sensitive Women Using Qualitative Methodology: The Emancipatory Potential of an Ecological Life", *Journal of Public & Marketing*, Vol.20, No.2, 2001, pp.201-214（in Tadajewski & Maclaran, *op.cit.*, Vol 2, p.xxxii）.

39 Linda Scott, "Market Feminism: The Case for a Paradigm Shift", M. Catterall, P. Maclaran and L. Stevens（eds.）, *Marketing and Feminism: Current Issues and Research*, 2000, pp.16-38（in *ibid*., p.xxxii）.

40 Janice Winship, "Women Outdoor: Advertising, Controvaercy and Disputing Feminism in the 1990s", *International Journal of Cultural Studies*, Vol.3, No.1, 2000, pp.27-55（in *ibid*., p.xxxii）.

41 細川幸一「海外の消費者庁」『消費者行政に関する諸外国の法制について』日本女子大学（http://www.ac.cyberhome.ne.jp/～consumer/kaigai.gyousei.pdf#search）。

42 Robert S. Lynd, "Democracy's Third Estate：The Consumer", *Political Science Quartery*, Vol.51, No.4, 1936, pp.481-515（in *ibid*, p.xxxiii）(in *ibid*, p.398-415）.

43 Tadajewski & Maclaran, *op.cit.*, Vol. 2, p.xxxiii.

44 laurel Graham, "Beyond Manipulation：Lillian Gilbreth's Indusuial Psychology and the Governmentality of Women Consumers", *The Sociological Quartery*, Vol.14, No.4, 1997, pp.539-565（in *ibid*., p.xxxii）.

45 Ashlee Humphreys, "The Consumer as Foucauldian 'Object of Knowledge'", *Social Science Computer Review*, Vol.24, No.3, 2006, pp.296-309（in *ibid*., p.xxxiv）.

46 Vance Packard, The Hidden Persuaders, David McKay Co., New York, 1957（林周二訳『かくれた説得者』ダイヤモンド社、一九五八年。

47 Peter Miller and Nokolas Rose, "Mobilizing the Consumer: Assembling the Subject of Consumption", *Theory, Culture & Society*. Vol.14. No.1, 1997, pp.1-36.

48 http://ja.wokipedia.org/wiki/タビストック人間関係研究所より。

49 Adam Arvidsson, "Brands : A Critical Perspective", *Journal of Consumer Culture*, Vol.5, No.2, 2005, pp.235-258.

50 「ブランドの価値」および「無形資産」、その他「人気ブランド」等についてはhttp://ja.wikipedia.org/woki/を参照。

51 Clayton M.Christensen, *The Innovator's Dilemma : When New Technologies Cause Great Firms to Fail*, Harvard Business School Press, 1997. 玉田俊平太監修・伊豆原弓訳『イノベーションのジレンマ—技術革新が巨大企業を滅ぼすとき　改訂増補版』翔泳社、二〇〇一年。

52 ステルス・マーケティング（stealth marketing）とは、消費者に宣伝と気づかれないように宣伝行為をすること、つまり自身の身元や宣伝が目的であることを隠して行われる手法である。客観的な記事を装った広告や報酬を得て第三者的な立場を偽装し、特定の企業や製品について高い評価を与える欺瞞的な行為である。最近の例では飲食店の口コミサイトで良い意見だけを残したり書き込みを行ったりして良いイメージだけを与え否定的な意見を削除したりする。こうした行為は「やらせ」の典型で消費者を騙す側面があり、モラルの観点から消費者団体などから非難されることがある。イギリスでは二〇〇八年に不公正取引として、消費者保護に関する規制法が施行され、ステルス・マーケティングは違法であるとして規制されている。

53 バイラル・マーケティング（viral marketing）：口コミを利用して低コストで顧客の獲得を図るマーケティング手法である。これも宣伝であることを隠して紹介した場合などは消費者を騙す行為として批判されることもある。

54 アストロターフィング（astroturfing）：団体や組織が背後に隠れて自発的な本物の「草の根運動」に見せかけて行う説得や主張を行う手法のことである。astroturfingとは「人工芝」の商品名AstroTunfに由来し「偽草」の意が込められている。つまり「偽の草の根運動」である。政治に限らず、商業用宣伝手法として一般消費者の自発的行動を装った「やらせ」の意味でも用いられる。マーケティング業界のいわゆる業界用語であるともいわれている。

55 A. Fuat Firat, "The Social Construction of Consumption Pattems : Understanding Macro Consumption Phenomina",（in Tadajewski & Maclaran, *op.cit.*, Vol 3, pp.xxxiv-xxxv）.

56 L.F. Alwit, "Marketing and Poor", *American Behavioral Scientist* 38(4): 564-577,1995（in *ibid.*, p.xxxix）. 所収書のリファレンス参照のこと。

57 Gtiliz Ger and Russell W. Belk, "Accounting for Materialism in Four Cultures", *Journali of Matelial Cultul*, Vol.4, No. 2, 1999, pp.183-204（in *ibid.*, p.xxxv）.

58 Douglas B. Holt, "Does Cultural Capital Structure American Consumption?", *Journal of Consumer Reserch*, Vol. 25, No.1, 1998, pp 1-25（in *ibid.*, p.xxxv）.

59 http://ja.wikipedia.org/wiki/

60 Rohit Varman and Gopal Kappirath, "The Political Economy of Markets and Development: A Case Study of Health Care Consumption in the State of Kerala, India", *Critical Sociology*, Vol.34, No.1, 2008, pp.81-98（in Tadajewski & Maclaran, *op.cit.*, Vol. 3 p.xxxv）.

61 A. Fuat Firat and Alladi Venkatesh, "Liberatory Postmodemism and the Reenchantment of Consumption", *Journal of Consumer Research*, Vol.22, No.3, 1995, pp.239-267（in *ibid.*, p.xxxv.-xxxvi）.

62 Ronald Paul Hill and Mark Stamey, "The Homeless in America: An Examination of Possesions and Consumption Behaviors", *Jouranl of Consumer Research*.Vol.17, 1990, pp.303-321（in *ibid.*, p.xxxvi）.

63 Rohit Varman and Ram Manohar Vikas, "Freedom and Consumption: Toward Conceptualizing Systemic Constraints for Subaltern Consumers in a Capitalist Society", *Consumption, Markets and Culture*, Vol.10, No.2, 2007, pp.117–131 (in *ibid.*, p.xxxvi).

64 Frances Abrahamer Rothstein, "Challenging Consumption Theory: Production and Consumption in Central Mexico", *Critique of Anthropologv*, Vol.25. No.3. 2005, pp. 279–306 (in *ibid.*, pp.xxxxi).

65 Thomas A Klein, Robert W. Nason, P. Bloom and G. Gundlach (eds.), *Handbook of Marketing and Society*, Thousand Oaks: Sage, 2001, pp.263–297 (in *ibid.*, pxxxvi).

66 Steffen Bohm and Vinicius Brei, "Marketing the Hegemony of Development: Of Pulp Fictions and Green Deserts", *Marketing Theory*, Vol.8, No.4, 2008, pp.339–366 (in *ibid.*, p.xxxvi).

67 S.J. Shapiro, M. Tadajewski, and C.J. Shultz, *Macromarketing : Major Work*, Four Volumes, London: Sage, 2009.

68 Sarah Lyon, "Fair Trade Coffee and Human Rights in Guatemala", *Journal of Consumer Policy*, Vol.30, 2007, pp.241–261 (in *ibid.*, p.xxxvii).

69 W. Kilbourne, P. McDonagh, and A Prothero, "Sustainable Consumption and the Quality of Life: A Macromarketing Challenge to the Dominant Social Paradigm", *Jounal of Macromarketing*, Spring, 1997, pp.4–24 (in Tadajewski & Maclaran, *op.cit.*, Vol. 3, p.xxxvii).

70 Ken Conca, "Consumption and Environment in a Global Economy", *G!obal Enviironmental Politics*, Vol. 1, No 3, 2001, pp.53–71 (in *ibid.*, p.xxxvii).

71 Craig J. Thompson, "A Contextualist Proposal for the Conceptualization and Study of Marketing: Ethics", *Journal of Public Policy & Marketing*, Vol, 14. No.2, 1995, pp.177–191 (in *ibid.*, pp.xxxvii–xxxviii).

72 Alexander Nill, "Global Marketing Ethics: Communicative Approach", *JournaJ of Macromarketing*, Vol.23. No.2, 2003, pp.90–104 (in *ibid.*, p.xxxviii).

73　ハーバーマス（Jurge Habermas, 1929〜）は、ドイツの社会学者、哲学者で、フランクフルト学派第二世代に位置するが、第一世代の批判理論を承継しつつも、これを批判した。『公共性（圏）の構造転換』（一九六二年）において、一九世紀後半に現れた大手企業やメディアが国家を支配する高度資本化による大量消費社会においては、公共圏が「再封建化」されるという構造転換があったと主張する。『コミュニケーション的行為の理論』（一九八一年）では、二〇世紀において再封建化が進み衰退した公共圏の理想的な姿を取り戻すためには、人と人が相互の了解を追求・達成するコミュニケーション行為によって人を理解し、普遍的な社会批判の根拠を成し、より民主的な社会伝達や交流を可能にする、と主張した。現代社会では科学技術が個人の思想とは関係なく客観的に体系化されており、目的合理性において科学技術の体系は絶対的な根拠を持っているとした。ゆえに、このような目的合理性がそれ自体で支配的な観念となり、人間疎外をもたらすと指摘した。すなわちこのような目的合理性が支配的な社会では、文化的な人間性は否定され、人間行動は目的合理性に適合的なように物象化されていくと警告した。（中岡成文『ハーバーマス：コミュニケーション行為』講談社・現代思想の冒険者たち27、一九九六年）。

74　カール＝オットー・アーペル（Kark Otto Apel, 1922〜）は、ドイツの哲学者で、倫理学、言語哲学、そして人間科学を研究したことでも知られる。彼の著書などはドイツ語や他の言語では公表したが、英語にはほとんど翻訳されていない。とはいえ、彼の哲学は圧倒的に広い範囲に影響を与えている。その影響は、ヨーロッパと北米の学界だけではなく、南米とアジアの学界にまで、多くの学界におよんでいる。アーペルの作品は分析哲学の流儀と大陸哲学のそれを、とりわけプラグマティズムと「フランクフルト学派の批判理論」を結びつけているのが特徴である。その中でも彼の主張する「コミュニケーション理論」は、コミュニケーションに関する超越論的でプラグマティックな条件に基づくべきだとの考えを提唱してきた（アーペル『超越論的語用論とは何か？―ハーバーマスと共にハーバーマスに反対して考える三つの試み』舟場保之・久坂将晃訳、梓出版社、二〇一三年）。

75　D.D. Monieson, "Intellectualization in Marketing: A World Disenchanted", *Joural of Macromarketing*, 8(2), 1988, pp.4–10（in Tadajewski & Maclaran, *op.cit.*, Vol. 3 p.xxxviii）.

76 S. Kline, "The Play of the Market: On the Internationalization of Children's Culture", *Theory, Culture & Society*, 12, 1955, pp.103–129 (in *ibid.*, p.xxxviii).

77 J. O'Shaughnessy, "Ethnopsychology: A Return to Reason in Consumer Behaviour", in M. Tadajewski and D. Brownlie (eds.), *Critical Marketing: Issues in Contemporary Marketing*, Chichester: Wiley, 2008, pp.157–181 (in *ibid.*, p.xxxviii).

第8章 マーケティング・ディスコースをめぐる批判的見解

1 マーケティング・ディスコースとは

本章では、『マーケティング・ディスコース―批判的視点から―』Per Skålen, Martin Fougère and Markus Fellesson, "Marketing Discource―Acritical perspetive",2008.（折笠和文訳、学文社、二〇一〇年）を土台にして、マーケティングの言説的な批判的見解を述べたい。本書のようなマーケティングの生成および内容やその本質について書かれた批判的見解は、日本において皆無であろう。それは、米国で誕生したマーケティングの生い立ち、ＡＭＡの成立における権威主義的な成り立ちと現在までの性格、マーケティングの技法的・技術的な手段など、その本質をあまねく暴いてみせる内容である。その中心となるのが、「ディスコース」（discource：言説）分析である。

ディスコースとは、フランス語のディスクール（discours）に由来し、一般的には「言説」と訳されるが、演説、スピーチ、発音、談話などと訳される言葉である。フーコー（Michel Foucault: 1926–1984）によると、ある社会集団や社会関係によって規定される「ものの言い方」、「記述（内容）」、「表現（内容）」、「論述（内容）」を意味する。ディスコースは、表現の最小単位であるエノンセ（発言行為）が集まって作られる。そして、このエノンセが、どのような規則によって、ディスコースへ編成されるのかが問題となる。このようなディスコースを「言説編成体」（formations discursives―フォルマシオン・ディスキュルシヴ）というが、どのような発言行為も、その時代状況や社会関係によって規定されるものである。「地球は丸い」という発言行為は、天文学者コペルニクスの出現以前と以後とでは、その持つ意味がまったく異なったものとなる。このように発言行為はそれぞれ、その時代の思想やイデオロギーを生み出す「言説編成体」に属している。[*1]

例えば、マーケティングというディシプリン（学問分野）は、その時代の社会状況、政治状況、経済状況、消費者行動、市場など諸々の制度が結びついて、消費を促す「言説」が形作られることによって生み出される。

さらに、言説の分析にあたって、フーコーはポジティビテ（実定性）という概念によって、以下の方向性を提起している。つまりひとつの理念、ひとつの主体を想定しないこと、発言行為の集合としての言説を閉ざされたものではなく、空白のある集合として捉えること、言説の起源を問わず、それを取り巻く諸関係に着目する、というものである。[*2]

ところで、「ディスクール」という言葉は、ミシェル・フーコーの『言葉と物』や『知の考古学』を皮切りに、哲学から言語学、医学、社会学、人類学、歴史学、政治学、経済学に至るまで、幅広い学問分野におよび、現代のさまざまな制度や体制の批判用語として脚光を浴びている概念である。それは単なる言語表現ではなく、権力／知と結びついている概念なのである。[*3] したがって、「マーケティング・ディスコース」（マーケティング言説）という場合、マーケティングという学問分野も、権力／知に結びついている制度的な言説の産物であることを明らかにしているのである。[*4]

▼2▲ マーケティングの問題点とその考察

マーケティングという学問は、支配・管理的合理性という制度によって出来上がった規律に支配され、継承されながら、その技術論的方法論に疑問も抱かずに、伝承され、それがマーケティングの枠内・思考範囲に収まってきた。ひとたびマーケティングという学問を別な視点から見ることによって、マーケティングの矛盾点や問題点に遭遇することになる。マーケティングを科学的に、思想的に確固とした学問の構築として考えるとき、以上のようなアプローチも必要不可欠なのではないかと考えている。

マーケティングは、企業戦略やその商品が成功に導いた「事後的分析と理論化」（ア・ポステリ）を一般概念化して、他の企業戦略のモデルを提供する。そのモデルが普遍化することによって、ゼロ和ゲームのスパイラルに陥る。あるいはまた、時代の変化に伴う諸々の条件（マクロ環境・ミクロ環境、I

T化など）によって、一般概念化の言説を変換させながら、特殊概念化の構築を試みている（それが成功するか否かは別として）。つまり新たなフレームワークを創造し、成功に導くであろう「先験的分析と理論化」（ア・プリオリ）の構築にいそしんでいるのが実態であろう。

さらにいえば、教科書を執筆するのに、横のものを縦に、縦のものを横にするような積み重ね（言説の伝播）によって、教育が行われているようでは、マーケティングはマーケティングの伝承でしかなく、マーケティングのイメージが何世代にもわたって、その域から出ないであろう。欧文文献の訳本は、特に日本ではアカデミックな主流派のマーケティング理論のみが紹介されるばかりであり、マーケティング学徒はそれに追随するばかりである。

歴史的に、一辺倒に積み重ねられてきたマーケティングの方法論的アプローチを、無批判に行ってきたことが問題なのであって、マーケティングという学問を批判的に受け入れ、別な面あるいは客観的な視点から考えなおすことも必要なのではないだろうか。

特に顧客志向に立ったマーケティング・コンセプトに関連した技術論、つまりマーケット・セグメンテーション、ターゲティング、そしてマーケティング・ミックスなどは、顧客操作による支配＝管理的合理性、規律・訓練的権力と司祭的権力によるものであって、マーケティング・マネジメント言説による支配・管理的合理性の隠蔽とレトリックに他ならないのではないか。[*5]

マーケティングにはさまざまな学派が存在しないと言われており、存在しないからこそ他分野や多方面の分野が共同に作業して新たなものが構築されるという意見もあるが、それはマーケティングには主体的な方法論が存在しないという証左であろう。

アメリカで発祥したマーケティング、そのマーケティングを定義しているAMAの設立背景、つまり、設立時のアメリカ経済学会の動向（ドイツ歴史学派やアメリカ制度学派の影響）やビジネス界（当時の大企業・有力企業のAMA会員）、広告学会によって、マーケティングを定義したり、慣例的な用語（マーケティング言説）、制度的な装置・機関を準備することになった事実はあまり知られていない。[*6]

したがって、実はマーケティング・マネジメント言説は、権力／知の遺産であり、支配・管理的合理性の産物なのである。知の背景も考えず、マーケティングは売上や利益を上げるための手段なのである。ディスコース分野とは、アカデミックなマーケティング言説によるマネジリアリズム（管理主義）思想とコンシューマリズム、サービス・マーケティングなど、主流となっているマーケティングの考え方、すなわちマーケティングの領域内で醸成されてきた管理的エトスの批判を展開することが、マネジリアル・マーケティングに関する「言説の批判分析」なのである。

『マーケティング・ディスコース―批判的視点から―』の概要を説明すると、第1章で展開していることは、マーケティング言説に忠実に意味形成を与えてきた過去の著名な教科書や、マーケティングがいかにして、マネジメントに役立つ装置として使われてきたのかを明らかにしている。[*7]

第2章では、マーケティングの批判的研究を再検討しながら、ポストモダン・マーケティングの考え方やコンシューマリズム高揚運動としての消費者研究に費やされている。[*8]

以上の分析方法を通じて、第3章ではマーケティング言説を批判的に検討するため、フーコー主義の主要なフレームワークを詳述しながら、マーケティングの権力／知、統治性、および支配・管理的合理性の概念を説明している。[*9]

第4章では、フーコーが言説分析を展開した二つの主要な方法論的原理、つまり考古学と系譜学を紹介しながら、本書のもっとも重要な方法論的な概念である「転換期」(turning points)と「蓋然性」(problematizations)を説明している。[*10] それらは言説の方向性の変化に関連するものであり、後者はどんな出来事がこうした変化に導いたのかを説明するものである。しかし、以前の研究で扱われていたような転換期と蓋然性の概念は、正確な言説分析を導き出すにはあまりにも抽象的であるとして、「言説論」に言及したラクロウ［laclau］とムフ［Mouffe］（一九八五年）を紹介している。それは、これら二つの概念を補って完全にし、より明らかなものに内容を提供している。マーケティング研究において、フーコーやラクロウ、ムフによる研究は従来めったに行われることがなかったので、言説論のみならず、マーケティングを体系的に研究する意味でも意義があると思われる。

このように、言説論はマーケティング言説のもっと細部にわたる分析を示唆してくれる方法論であるとして、フーコーの言説分析を補完する意味で、ラクロウとムフの研究を詳述している。こうした分析の手順なり方法論なりを援用しながら、マーケティングの考古学的・系譜学的分析ならびに、転換点と蓋然性および時代別区分の特徴なりを展開することになる。[*11]

以上、マーケティング・ディスコースの方法論的なフレームワーク、つまりフーコー主義のアプローチとマネジリアル言説としてのマーケティングの概念化を考えてみると、三つのオーバーラップしている時期に区別される。それが第5章[*12]の「マネジリアル・マーケティングの権力／知を築いた時期（一九一〇～一九六〇）」であり、第6章[*13]の「マネジリアル・マーケティングの権力／知を確固たるものとした時期（一九五〇～一九八五）」、第7章[*14]の、「マネジリアル・マーケティングの権力／知を練り上げた時期（一九七五～現在）」と展開される。以上の5、6、7章では言説を通して、理論的なフレームワークをそれぞれの期間において、マーケティング言説の生成を分析し、さらに統治性というフレームワークによって助長される権力、規定された主観性、巧妙に使用される技術（技法）などを検証している。

第8章[*15]では、「顧客主義」（Customerism）と題し、全体を要約しながら、さらなる分析を進め、その批判を検証しつつ、結論と今後のマーケティング研究の姿勢と方向性を示すことで締めくくっている。

▼3▲ マーケティング・ディスコースとポストモダン・マーケティング

複雑化し、不透明な環境のなかで、企業はその生存と成長のための方法を模索している。マーケティングは多様化するマクロ環境およびミクロ環境、ならびに消費者環境といった現象の変化を絶えず対象にしなければならない。しかし、ますます増大する不確実性のもとでマーケティング活動や行動原理を理解するために、マーケティングの現実を描くための言語やシンボルの役割とその分析の重要性が増してきているといえる。

ディスコース分析は、ひとつの出来事について異なる描写をして表現する方法である。したがって、あらゆる事象や出来事について別な面から考察し、肯定あるいは批判しながら異なる世界観を形成する手段である。ディスコースは、われわれのアイデンティティを形成し、また社会のあり方や運営の仕方と密接に関係しているのであり、マーケティングもまたディスコースによって構築され、語られているといえる。

しかし、マーケティングのディスコースの内容や定義は曖昧であり、その学際的性格から多くの異なったパラダイムやメソドロジーを含んでいる。また、マーケティング・ディスコース分析は、ポスト構造主義、そしてポスト・モダニズムの影響を反映しており、社会構成主義の分析方法として、マーケティング分析の新たな視覚を提供することもできる。

もともと、ポストモダンという言葉は建築に始まり、技術、ファッション、思想の領域で近代主義（モダニズム）を超えようとする動きを指し、「近代後」ないし「脱近代」と訳される。その流れに即していえば、マーケティングの世界でも、近代主義を基礎にした認識・思考枠の制約を離れ、新しいマーケティング観を打ち立てようとする一連の動きをポストモダン・マーケティングと呼んでもよいであろう。

モダン・マーケティングの性格を大胆に規定してみると、経済合理的（マスへの機能的対応）、分析検証的（定量・測定型）、管理統制的となる。対比的に、ポストモダン・マーケティングは、意味合理的（個による了解型）、非検証的（定性・発見型）、関係調整的な色彩が強くなる。ただ、分析検証的な手法や経済的合理性を含めて、ポストモダン・マーケティングを考えてもよいのではないかという見方もあり、モダンとポストモダンの境界を上記の尺度だけで厳密に分けるのは難しい。ここにポストモダンをモダン否定の「脱」と見るか、モダンの一部を発展的に包摂する「後」ないし「新」と見るかによって見解が分かれてくる。しかし、従来のマス・マーケティングに代表されるモダン思想だけでは、現代のマーケティングを理解できないという、「非」の認識は高まっており、その傾向や認識が今日のポストモダン・マーケティングの総称になっているようである。[*16]

このように見てくると、マーケティング・ディスコースの主張も、ある意味で、ポストモダン・マーケティングという流れの主張を説明する方法論であり、一大潮流でもあると指摘することができよう。事実、ポストモダニズムの提唱者である、スティーブン・ブラウン［Stephen Brown］[*17]の現代マーケティングに対する考え方・批判にも同調しているのである。[*18]

▼4▲ マーケティング・ディスコースから得られるもの

今日、マーケティングや消費者研究において「解釈的転回」(interpretative turn) を示すものが出てきた。マーケティング言説の性質・内容や学問的方法、アプローチに関する批判である。主流派のアカデミック・マーケティングは実証主義や機能主義、実質主義によって支配されている近代的教義であって、マネジリアル・マーケティング言説を拡大再生産しているのが現実である。[*19]

以上、ディスコースをめぐって、フーコーの著書や解説書に触れてみたが、確かに、フーコーの理論的著作は、偶像破壊的で挑戦的な性格を持っていることも否定できない。例えば、フーコーは「フランスでは、哲学者はマルクス主義者、現象学者、構造主義者のいずれかでなければなりませんでした。しかし、私はそのいずれのドグマにも従っていませんでした」(『集成9』邦訳四三〇頁)。これらの強制はドグマの強制であって、特定の理論的立場、特定の流行になっている、あるいは主流となっている立場をとることは多かれ少なかれ、宗教集団あるいは政治党派—それらは特定の観念や信念の全面的で有無をいわさぬ受け入れを要求する—に加入するものである。フーコーはこうした伝統的な学問領域をつねに乗り越え、それに逆らいながら進むという性格が幅広い層の関心を惹きつけてやまないのだろう。[*20] マーケティングもある意味では、ドグマの強制と言わざるを得ない学問的性質を持っているのではないだろうか。

▼5▲ 本章を終えるにあたって

最後になったが、現代ではあらゆる学問領域に応用倫理の必要性が高まっている。例えば、医療倫理・生命倫理、経営倫理、企業倫理、政治倫理・経済倫理、情報倫理、環境倫理、さらには報道倫理など、数多くあげられる。ここでは若干、マーケティング倫理に絞って終わりにしたい。

ペローとマッカーシー（Perreault & McCarthy, 1999）は、マーケティング倫理（marketing ethics）関する不満として次のように論じている。「宣伝におけるノイズ、誤解、無駄、危険な製品や粗悪な品質、過剰な物質欲を掻き立てるマーケティング、クレジットカードの濫用による不要な商品の購入、過剰な包装やラベルによる消費者への欺瞞と混乱、コストを引き上げるだけの仲介業者、環境破壊の製品開発、過剰なまでの不必要な製品供給、富者を助け貧者を無視するマーケティング」などをあげ、これらが「ミクロマーケティングを志向するマーケティング政策とマクロマーケティングシステムに基づく倫理違反であることに注視しなければならない」[*21]と述べている。

こうした非倫理的な行為は、企業や組織ぐるみ、あるいはマーケティング担当者による故意・意図的、軽率な判断などによる場合が多い。個人と組織あるいは社会にとって何が正しくて何が違反行為なのかの明確な判断基準を提起しなければならない。

幸いにも、マーケティング倫理の視点から、米国でもその判断基準となっているAMAの倫理規定がある。[*22]どういうわけか、このAMAの倫理規定に関してはあまり語られることがないようである。

＊注

1　桜井哲夫『フーコー「知と権力」』講談社、二〇〇三年、三一六頁。

2　同上、三一六―三一七頁。

3　Per Skålén, Martin Fougère and Markus Fellesson, *Marketing Discourse : A Critical Perspective*, Routledge,

London and New York, 2008, pp.82-97. 折笠和文訳『マーケティング・ディスコース―批判的視点から』学文社、二〇〇二年、八頁。

4 *Ibid*., pp.97-104.（訳五四-五六頁）。

5 *Ibid*., pp.115-116.（訳二三一-二三二頁）。

6 *Ibid*., pp.48-50.（訳一〇五-一一〇頁）。

7 *Ibid*., chapter 1, pp.1-8.（訳一五-三〇頁）。

8 *Ibid*., chapter 2, pp.9-20.（訳三一-五三頁）。

9 *Ibid*., chapter 3, pp.21-34.（訳五四-八〇頁）。

10 *Ibid*., chapter 4, pp.35-47.（訳八一-一〇四頁）。

11 *Ibid*., pp.35-47.（訳九九-一〇四頁）。

12 *Ibid*., chapter 5, pp.48-81.（訳一〇五-一七一頁）。

13 *Ibid*., chapter 6, pp.84-116.（訳一七二-二四九頁）。

14 *Ibid*., chapter 7, pp.117-151.（訳二四〇-三〇五頁）。

15 *Ibid*., chapter 8, pp.152-166.（訳三〇六-三三五頁）。

16 嶋口光輝『マーケティング・パラダイム』有斐閣、二〇〇〇年、五六頁。

17 スティーブン・ブラウンを一躍ポストモダン・マーケティング研究者として著名にした書物を以下にあげておく。

Postmodern Marketing, London: Routledge, 1995.

Postmodern Marketing Two: Telling Tales, London:International Thomson Business, 1998.

"Postmodenism: The End of Marketing" in D.Broenlie, M.Saren, R.Wensley and R.Whittington（eds）, *Rethinking Marketing Towards Critical Marketing Accountings*, London: Sage, 1999.

"Crisis, What Crisis? Marketing, Midas, and the Croesus of Representation", *Qualitative Marketing Research:*

An International Journal, 6(3), 2003, pp.194–205.
"Writing Marketing: the Clause That Refreshes", *Journal of Marketing Management*, 20(3–4), 2004, pp.321–42.

18 *Ibid.*, opcit, pp.9–11.

19 *Ibid.*, p.9.

20 Sara Mills, *Michel Foucault*, 2003. 坂井隆史訳『ミシェル・フーコー』青土社、二〇〇六年、一五～一六頁。

21 W.D. Perreault, and E.J. McCarthy, *Basic Marketing: A Global Managerial Approach*, 13th ed., Irwin/Mc-graw-Hill, 1999, pp.43–44. 水尾順一『マーケティング倫理』中央経済社、二〇〇〇年、一五頁。

22 水尾、同上、一五頁。

■補筆　マーケティングの批判的研究文献

一九九〇年代以降、マーケティングの批判的研究に関する文献は以下を参照のこと。欧米文献と、それぞれの論文タイトルおよび著書の表題を訳出しておくことにする。特に、論文編に関してはTadajewski, Makr/Maclaran, Pouline（eds.）（2009）*Critical Marketing Studies*（Sage Library in Marketing Series）（『マーケティングの批判研究』）の第1巻から第3巻の巻末に膨大な参考文献が掲載してある。本書でも参考にした一部のみを掲載しておきたい。

〈論文編〉

（1）Alvesson, M.（1994）“Critical Theory and Consumer Marketing”, *Scandinavian Journal of Management*, 10(3): 291-313.

（2）Brown, S.（2003）“Crisis, What Crisis? Marketing, Midas, and the Croesus of Representation”, *Qualitative Marketing Research: An International Journal*, 6(3): 194-205.

（3）Brown, S.（2004）“Writing Marketing: The Clause That Refreshes”, *Journal of Marketing Management*, 20(3/4): 321-42.

（4）Brownlie, D, and Saren, M.（1991）“The Four Ps of the Marketing Concept: Prescriptive, Polemical, Permanent and Problematical”, *European Journal of Marketing*, 26(4): 34-47.

(5) Burrell, G. (1988) "Modernism, Post-Modernism and Organizational Analysis 2: The Contribution of Michel Foucault", *Organizational Studies*, 9(2): 221–36.

(6) Burton, D. (2001) "Critical Marketing Theory: The Blueprint?", *European Journal of Marketing*, 35(5/6): 722–43.

(7) Fairclough, N. (1993) "Critical Discourse and the Marketization of Public Discourse: the Universities", *Discourse and Society*, 4(1): 133–68.

(8) Firat, A. F., and Shultz, C. J. (1997) "From Segmentation to Fragmentation: Markets and Marketing Strategy in the Postmodern Era", *European Journal of Marketing*, 31(3/4).

(9) Firat, A. F., and Venkatesh, A. (1993) "Postmodernity: The Age of Marketing", *International Journal of Research in Marketing*, 10(3): 227–49.

(10) Hunt, S. D. (1994) "On Rethinking Marketing: Our Discipline, Our Practice, Our Methods", *European Journal of Marketing*, 28(3): 13–25.

(11) Marion, G. (2006) "Marketing Ideology and Criticism: Legitimacy and Legitimization", *Marketing Theory*, 6(2): 245–62.

(12) Skålén, P., Felleson, M., and Fougère, M. (2006) "The Governmentality of Marketing Discourse", *Scandinavian Journal of Management*, 22(4): 275–91.

〈著書編〉

(1) Brown, S. (1995) *Postmodern Marketing*, London: Routledge.

(2) Brown, S. (1998) *Postmodern Marketing Two: Telling Tales*, London: International Thomson Business.

(3) Brown, S. (1999) "Postmodernism: the end of marketing", in D. Brownlie, M. Saren, R.Wensley and R. Whittington (eds.), *Rethinking Marketing: Towards Critical Marketing Accountings*, London: Sage.

(4) Brown, S. (2006) *The Marketing Code*, London: Cyan Books and Marshall Cavendish.

(5) Brownlie, D., and Saren, M., Wensley, R., and Whittington, R. (1999) "Marketing Disequilibrium: On Redress and restoration", in D. Brownlie, M. Saren, R. Whittinton (eds.), *Rethinking Marketing: Towards Critical Marketing Accountings*, London: Sage.

(6) Burrell, G. (1999) "Commentary", in D. Brownlie, M. Saren, R. Wensley and R. Whittington (eds.), *Rethinking Marketing: Towards Critical Marketing Accountings*, London: Sage.

(7) Desmond, J. (1998) "Marketing and Idifference", in M. Parker (ed.), *Ethics & Organizations*, London: Sage.

(8) Featherstone, M. (1991) *Consumer Culture and Postmodernism*, London: Sage.

(9) Gronroos, C. (2007) *In Search of a New Logic for Marketing: Foundation of Contemporary*

Theory, Chichester: Wiley.
⑽ Hunt, S. D.（1991）*Modern Marketing Theory–Critical Issues in the Philosophy of Science*, Cincinnati, OH: Southwestern.
⑾ Morgan, G.（1992）"Marketing Discourse and Practice: Toward a Critical Analysis", in M.Alvesson and H. Willmott（eds.）, *Critical Management Studies*, London: Sage.
⑿ Morgan, G.（2003）"Marketing and Critique: Prospect and Problems", in M. Alvesson and H. Willmott（eds.）, *Studying Management Critically*, London: Sage.
⒀ Tadajewski, M., and Maclaran, P.（eds.）（2009）*Critical Marketing Studies*, Sage Library in Marketing Series.

〈わが国での批判研究〉

わが国で、マーケティングに関する批判的見解を試みたものを列挙してみると、以下のようになる。

（1） 白髭武「マーケティング論とその破綻」『経済』、一九七五年六月号。
（2） 荒川祐吉「マーケティング論における科学方法論争の批判的考察」神戸大学『紀要』、一九八六年六月。
（3） 柏尾昌哉「日本におけるマーケティングの展開と挫折」『阪南論集 社会科学編』第２５巻第１、２、

3号、一九九九年。

(4) 菅原昭義「消費社会の進展とマーケティング批判―消費生活様式の展開に対するマーケティング批判からの教訓」日本大学国際関係学部国際関係研究所、一九九九年一二月。

(5) 保田芳昭『マーケティング論』〔第2版〕大月書店、一九九九年。

(6) 松井睦『表層マーケティング批判―ネオ・モダンのモノロジー―』日本コンサルタントグループ、一九九一年。

以上のように、マーケティング研究はマーケティング・マネジメントという「管理主義」的傾向を強め、さらに権力作用や抑圧性の性格を持っており、マーケティングを含めて現代的マネジメントの本質を解明し、内在的な言説批判をすることによって権力関係を変質させようとするものである。Tadajewski と Maclaran 編纂による『マーケティングの批判研究』(全3巻)という大著をとっても、マーケティングを狭隘な議論に留めず、批判的にして、より広い社会的な視野から捉えようとしている点では特筆に値するのではないかと思う。

おわりに

筆者はマーケティングを否定するものではないが、さまざまなマーケティングの戦略的活動を見るにつけ、個別具体的な成功体験だけではなく、より広範な視野から捉えてマーケティングの持つ性質、つまり社会や環境に与える影響、あるいは個々人の消費欲望・消費癖などに及ぼす悪影響を啓蒙するべきではないかと考える。それだけマーケティングの持つ影響は計り知れないほど大きいものなのである。

したがって、マーケティングの「正」のみの論理だけでなく、「負」の側面や「批判的」な論理も併せて議論しなければならない。大学・大学院教育においても、マーケティングの有する他の視点（批判的かつ負の側面）からの教育も必要不可欠であろう。

「はじめに」でも触れたように、マーケティングはあるがままの姿勢としての「ザイン」のみではなく、ゾレンとしての存在価値、いわゆるマーケティング価値の当為性こそが今後の問題として意識されなければならない。持続可能な社会を構築していくために、マーケティングの果たす役割はどうあるべきかを問わなければならない。マーケティング思考や戦略が誤解ないし批判を生まないような啓蒙努力が必要なのである。

持続可能な地球環境や企業の業績向上、消費者行動、社会的発展を生み出す根源は、(1)消費者の商品・サービス購入に際し、それに感じる何らかの満足感である「Consumer Satisfaction：CS（顧客満足）」、(2)従業員の企業に対する職場環境や満足度を高めることが企業の業績を向上させるという「Employee Satisfaction：ES（従業員満足）」、それに、(3)環境問題や社会的な諸問題（貧困や雇用など）を解決し、持続的な成熟社会を創り上げる「Social Satisfaction：SS（社会的満足）」、さらに(4)あらゆる面での Ethical Value：倫理的価値判断（倫理的満足度）がキーワードになるであろう。[注1]

従業員の満足度の向上、ひいては企業の業績向上、消費者の満足度意識の高揚、社会的諸問題の解決、倫理的な行動指針という四者の連携が持続的なマーケティングの実現に寄与するのではないだろうか。

＊注

1　水尾順一著『マーケティング倫理が企業を救う！』生産性出版、二〇一四年。

著者紹介

折笠 和文（おりかさ　かずふみ）

1987年　明治大学大学院政治経済学研究科博士後期課程満期退学
現　在　名古屋学芸大学メディア造形学部教授
著　書：『現代生活と経済学』（共著）泉文堂, 1990年
『マツダ・マーケティング戦略』（共著）白桃書房, 1995年
『情報時代の社会・経営』（共著）学文社, 1995年
『高度情報化社会の諸相』（単著）同文舘出版, 1996年
『経営学の基本問題』（共著）同文舘出版, 1996年
『現代マーケティングの基線』（共著）同文舘出版, 1997年
『日本経済の基本問題』（共著）実教出版, 1998年
『国際マーケティング戦略』（共著）実文社, 2000年
『高度情報化社会の諸相 改訂増補版』（単著）同文舘出版, 2002年
（韓国語翻訳：折笠和文著, 김제홍（ギムジェホン）訳『고도 정보화 사회의 여러모습』출간 ISBN 89-8499-230-5 コミュニケーションブックス, Soul, 2004-07-02）
『国際情報論』（単著）同文舘出版, 2003年
翻　訳：P.スカーレン, M.フゲール, M.フェレッソン著, Marketing Discourse — A critical perspective.折笠和文訳『マーケティング・ディスコース』—批判的視点から—（学文社, 2010年）

■ マーケティングの批判精神《ひはんせいしん》
——持続可能社会《じぞくかのうしゃかい》の実現《じつげん》を目指《めざ》して——

■ 発行日——2016年2月26日　初版発行　〈検印省略〉

■ 著　者——折笠和文《おりかさかずふみ》

■ 発行者——大矢栄一郎

■ 発行所——株式会社　白桃書房《はくとうしょぼう》

〒101-0021　東京都千代田区外神田5-1-15
☎03-3836-4781　Ⓕ03-3836-9370　振替00100-4-20192
http://www.hakutou.co.jp/

■ 印刷・製本——藤原印刷

©Kazufumi Orikasa 2016 Printed in Japan　ISBN 978-4-561-65216-8C3063